大家小书

长城史话

罗哲文 著

北京出版集团公司
北京出版社

图书在版编目（CIP）数据

长城史话 / 罗哲文著. — 北京 ：北京出版社，2018.4（2024.7 重印）
（大家小书）
ISBN 978 - 7 - 200 - 13280 - 9

Ⅰ. ①长… Ⅱ. ①罗… Ⅲ. ①长城—历史 Ⅳ. ①K928.77

中国版本图书馆 CIP 数据核字(2017)第 237757 号

总策划：安　东　高立志　　责任编辑：司徒剑萍　魏晋茹

·大家小书·

长城史话

CHANGCHENG SHIHUA

罗哲文　著

*

北 京 出 版 集 团 公 司
北 京 出 版 社　出版
（北京北三环中路 6 号　邮政编码：100120）

网　址：www.bph.com.cn
北京出版集团公司总发行
新 华 书 店 经 销
北京华联印刷有限公司印刷

*

880 毫米 ×1230 毫米　32 开本　7 印张　110 千字
2018 年 4 月第 1 版　2024 年 7 月第 4 次印刷

ISBN 978 - 7 - 200 - 13280 - 9

定价：49.00 元

如有印装质量问题，由本社负责调换
质量监督电话：010 - 58572393

总　　序

袁行霈

“大家小书”，是一个很俏皮的名称。此所谓“大家”，包括两方面的含义：一、书的作者是大家；二、书是写给大家看的，是大家的读物。所谓“小书”者，只是就其篇幅而言，篇幅显得小一些罢了。若论学术性则不但不轻，有些倒是相当重。其实，篇幅大小也是相对的，一部书十万字，在今天的印刷条件下，似乎算小书，若在老子、孔子的时代，又何尝就小呢？

编辑这套丛书，有一个用意就是节省读者的时间，让读者在较短的时间内获得较多的知识。在信息爆炸的时代，人们要学的东西太多了。补习，遂成为经常的需要。如果不善于补习，东抓一把，西抓一把，今天补这，明天补那，效果未必很好。如果把读书当成吃补药，还会失去读书时应有的那份从容和快乐。这套丛书每本的篇幅都小，读者即使细细地阅读慢慢地体味，也花不了多少时间，可以充分享受读书的乐趣。如果把它们当成补药来吃也行，剂量小，吃起来方便，消化起来也容易。

我们还有一个用意，就是想做一点文化积累的工作。把那些经过时间考验的、读者认同的著作，搜集到一起印刷出版，使之不至于泯没。有些书曾经畅销一时，但现在已经不容易得到；有些书当时或许没有引起很多人注意，但时间证明它们价值不菲。这两类书都需要挖掘出来，让它们重现光芒。科技类的图书偏重实用，一过时就不会有太多读者了，除了研究科技史的人还要用到之外。人文科学则不然，有许多书是常读常新的。然而，这套丛书也不都是旧书的重版，我们也想请一些著名的学者新写一些学术性和普及性兼备的小书，以满足读者日益增长的需求。

“大家小书”的开本不大，读者可以揣进衣兜里，随时随地掏出来读上几页。在路边等人的时候，在排队买戏票的时候，在车上、在公园里，都可以读。这样的读者多了，会为社会增添一些文化的色彩和学习的气氛，岂不是一件好事吗?

“大家小书”出版在即，出版社同志命我撰序说明原委。既然这套丛书标示书之小，序言当然也应以短小为宜。该说的都说了，就此搁笔吧。

修订说明

罗哲文

《长城》是我20多年前的作品，1982年由北京出版社出版。该书出版后，受到读者的欢迎，对宣传介绍长城文化，促进长城的保护工作，起到了一定的作用。然而，本书毕竟写于20多年前，这么多年来，长城的保护、研究等工作发生了很大变化，取得了许多新的成绩，因而有必要加以修改。而且，本书出版后，也未加印，市面上已经很难见到了，不少读者来信索要，我也无法一一满足。

此次修订，主要做了两个方面的工作：一是改正了原书中的个别不准确之处。二是增加了对虎山、青海藏区及湘西三处长城的介绍。

由于长城的问题实在太多，我虽然在长城上下奔走了50多年，仍然知之甚少，本书仍不免存在这样那样的问题，欢迎读者批评指正。

目 录

导　言[①]

“上下两千多年，纵横十万余里”，这两句话具体地概括说明了长城的两个方面。一是说它延续修筑时间之长，二是说它工程之宏伟。的确，这两者在世界上其他任何地方都是难以找到的，可称得上是绝无仅有。

“不到长城非好汉”这一中国一代伟人毛泽东诗词中的诗句，已经成了中外人士、专家学者、旅游观光者们认识中国历史、了解中国文化的名言。一个中国人要认识自己的历史，如果不了解长城是难以想象的。一个外国人要了解中国，如果不了解长城也是难以想象的。因为长城所记载的中华民族上下2000多年的历史内容太丰富了，所表现的中华儿女的勤劳智慧、坚强勇敢的本色太形象了，所点缀的锦绣山河也太壮

① 本文原系作者2001年11月在中国香港长城学术研讨会上的发言，原题为《万里长城的历史兴衰与辉煌再创》，此次略有改动。

丽了。

长城的内容非常丰富，要研究的问题很多，在理论上将长城作为一门学科的“长城学”正在兴起。在实践上对长城的实地考察测绘尚未完成，需要研究的课题尚多，所做的工作还很不够。但是多少年来特别是近几十年来，各方面的专家学者、工作人员已经做了不少工作，取得了丰硕的成果。现就50多年来对长城的了解和认识，发表一些个人的意见，请教方家高明。

长城的历史地位

关于长城的历史地位、功过是非，历来众说纷纭，褒之者甚多，贬之者也不乏其人。参加论辩者有帝王将相、公侯贵族、专家学者、黎民百姓等等。他们根据各自的立场、不同的地位，发表各自的观点、意见。真可说是百家争鸣，各抒己见。

关于长城的功过与作用问题，可以说从它开始出现不久，争论就一直没有停止过。2000多年来虽然众说纷纭，但主要集中在两个方面。主张修长城者，认为它是安定边疆、保卫国家安全和人民生命财产之必需，代表人物有汉文帝、桑弘羊、刘向、隋炀帝、唐太宗、杜甫、赵秉文等。主张长城无用、劳民伤财者有武臣、贾山、刘安、陈琳、贯休、郑震、李东阳、康熙、乾隆等等。此外还有主张长城必需，因有功当代，但不施仁政则国仍不保者，有贾谊、司马迁等等。历史上所有的论争大都处在当时的历史条件下。统治者更是出于统治的需要、统治的策略，进行评价。如清康熙、乾隆虽然口称“在德不在险”，但实际上仍然在加强武备，采取软硬兼施的两手政策，而且也修缮或增筑了一些长城关隘。

伟大的革命先行者孙中山先生，曾经对长城做过历史的较为客观的评价。他除对工程之宏大给予称赞之外，认为长城主要为当时国防之必需，有功后世，但统治者的暴政是错误的。他说：“中国最有名之陆地工程者，万里长城也。……工程之大，古无其匹，为世界独一之奇观。……秦始皇虽以一世之雄，并吞六国，统一中原，……为一劳永逸之计，莫善于设长城以御之。始皇虽无道，而长城之有功于后世，实与大禹之治水等。”（见《孙文学说·知难行易》）

自孙中山以后，又有不少人对长城的历史地位与作用、功过是非予以评说。褒者有之，贬者亦有之，各持其说，各阐其由，百家争鸣，各抒己见，为长城的研究开创了大好的形势。

今就我个人的认识对长城的历史地位问题谈一点看法。关于长城的历史地位问题，我认为应分作两个问题或问题的两个方面来谈。其一是长城在历史上的作用，其二是长城所反映的历史情况，也就是它所传递的历史信息。至于统治者的暴政当另谈，本文不涉及。

一、长城，安定与和平的保障

关于长城的历史地位问题，我认为应该把它所起的作用与修长城所使用的暴力、奴役、费用等分别开来，否则就没法说清楚。2000多年来的论争，就是把这两个问题混在一起，所以永远也说不清楚。孙中山先生的“古无其匹，为世界独一之奇观”，称赞了长城本身；“一世之雄，并吞六国，统一中原”，也称赞了秦始皇的功业。“始皇虽无道，而长城之有功于后世，实与大禹之治水等”，这里所说的“始皇虽无道”，就是对秦始皇暴政之批判，而对长城之有功于后世与大禹治水之功相提并论，其评价之高可想而知。

长城是安定与和平的保障这一观点并非新创，也不是过褒，而是长城本身的功能和所起的作用决定的。2000多年来，虽然褒贬不乏其人，但长城是一种防御工程，起保卫和防御的作用这一客观事实是任何人都不可否定的。

人和动物为了自身的安全和生存，防止自然力和敌人的侵袭，都要设防。设防有许多种，而构筑防御工事是十分重要的一种方式。如鸟兽要筑巢、挖洞或其他方法。人类最初也是利用山洞或树枝营构以防止野兽、洪水等自然侵袭的。从50万年前北京房山周口店“北京猿人”山洞遗址就可以看出我们祖先利用自然山洞设防的情况。当然在早期，人们还主要是防止自然力的侵袭。

随着人类社会的发展，人与人之间、人群与人群之间出现了防御敌对的人与人群侵袭的需要，保卫和防御工事又有了进一步的发展。从现存的考古遗址看，挖掘深沟是一种较好的早期防御工程。如现在陕西西安半坡距今五六千年前的原始社会村落遗址的四周，就挖掘有宽五六米，深六七米的大壕沟。这种挖沟设防的工事不仅开辟了以后几千年城市城墙、护城河的先河，而且在历代长城的修筑工程中被一些朝代所采用。如汉代和辽、金时期长城的某些段落就采用了壕沟的形式。

在这里要说明一下，城市防御工程中城墙的出现，为长城的修筑提供了经验，但长城与城市的城墙也有不同之处。其一，城市的城墙不管其形状如何、大小如何都是交圈封闭的，而长城则不是交圈封闭的。其二，长城的长度较之一般城市的城墙要长得多，少者数百里，多者数千里、上万里，所以称之为长城或长垣等。其三，长城除了城墙以外，还有各种不同等级、不同大小的关隘、城堡、军营和烽火台（亦称作烽燧、烟墩等）的通信联络系统所构成的一个完整的防御工程体系。

长城这一防御工程，为什么几十个诸侯和王朝2000多年来费了极大的人力、物力、财力都要修建？其主要的原因就是它有用。褒之也好，贬之也好，都未曾影响过统治者为保卫自己国家安定与和平的需要而修筑这久经考验的最好的防御工事。即孙中山先生所说："其道安在？曰：为需要所迫，不得不行而已。"

我们在这里亦不否定有些论者提出要施仁政，"在德不在险"的主张，因为那同样也是国家安定与和平的必需，但不能因此而否定长城作为防御工程的作用。试想如果一个国家没有国防，敌人随时可以入侵，那还有什么安定可言，和平可言？更谈不到其他政治、经济、文化的繁荣与发展了。

曾经有人认为长城是中国"闭关锁国""封闭自己"的产物，这与事实不符。因为长城并不锁国，也不封闭自己。它所起的作用只是保卫和防御。公元前2世纪汉武帝时所修的河西长城，其烽燧、亭障远出西域，沿丝绸之路修筑，对保护这条对外开放大道的安全、畅通起了决定性作用，更没有丝毫的封闭可言了。

巍巍长城、绵延烽燧，坚固城防、完整体系，只能使入侵者生畏，而对受保护者则是极大的安慰。

长城作为安定与和平的保障，赫赫丰功，永昭史册。

二、逐鹿中原，金戈铁马，长城伴随着中国 2000 多年封建社会的兴衰行进

长城的历史地位除了它直接所起的“安定与和平的保障”这一功能之外，作为记录中华民族2000多年来的历史丰碑，它所携带的历史信息非常丰富，是其他任何一件珍贵的文物所不及的。

长城所携带的非常丰富的历史信息，深深地铭刻在这块丰碑之上，可以说是读不完的。现就中华民族历史上的大事举几例如下：

（一）中国封建社会的初步形成，长城的开始修筑

中华民族有几千年、几万年、上百万年的悠久历史，其中2000多年的封建社会比以往创造了更加辉煌的历史文化，更加丰富的物质财富。长城可以说一直伴随着封建社会的兴衰前进。数不尽的金戈铁马，诸侯争霸；多少次中原逐鹿，王朝兴灭；许多年寰宇升平，一霎时，狼烟四起；叱咤风云，离愁哀怨，说不完的往事，咏不完的史诗，都在长城身上打上了

印迹。

公元前11世纪（前1066年），周武王灭纣，结束了殷商高度发达的奴隶制统治，社会生产力的发展和政治的改革，为封建社会的形成创造了条件。到了公元前8世纪—前3世纪，春秋战国之际，封建社会初步形成，长城也正是在这时开始修筑的。如《左传》上记载楚长城（方城）的一段故事说：楚成王十六年（前656年）齐国进兵攻打楚国，当齐军进至陉这个地方时，楚成王派屈完去迎敌。到了召陵地方，屈完对齐侯说：您如果真要来攻打的话，楚国有方城以为城防，汉水以为城河，足可以抵抗的。齐侯见楚国的护御工事果然非常坚固，只好收兵了。像这样入侵楚国，打到长城就被挡回去的事例还有不少，足见这时的楚长城对保卫国家安全，起过重大的作用。

以后，春秋五霸、战国七雄及一些很小的诸侯也都相继修筑了长城，以为保卫国家安定、图强发展的条件。在长城这块历史丰碑上，刻记下了中国漫长封建社会初期形成的过程，记下了第一桩重要的大事。

（二）第一个中央集权封建制统一国家和第一道万里长城的并肩出现

公元前221年，秦始皇吞灭了韩、赵、魏、楚、燕、齐6个强大的诸侯，出现了中国第一个大一统的中央集权封建制国家。秦始皇为了巩固大帝国的统一和发展生产、安定生活，除了设立郡县和制定“书同文”“车同轨”“行同伦”，统一度量衡等措施之外，还有最为重要的一条，就是必须加强国防。否则，国防不固，敌人入侵，一切的事情都谈不上了。而当时最危险的入侵者就是北方的匈奴。匈奴当时正处在奴隶制时期，而且掠夺成性，其飘忽无定之游骑，顷刻而来，飘然而去。所谓：“救之，少发则不足。多发远县才至，则胡又已去。聚而不罢，为费甚大。罢之，则胡复入。如此连年，则中国贫苦而民不安矣。”（见《汉书·晁错传》）对于这种情况，经过以往数百年经验的证明，修筑长城是最好的防御方法，在当时的情况下，可以说是最佳的选择，这种设防的选择一直继续了2000多年。除此之外别无他策。

秦始皇修筑的长城，为了适应大一统国家的需要，规模也大，超过了万里，被称为万里长城。中国第一个大一统国家的出现与第一道万里长城的出现，在长城这块历史丰碑上刻记下了第二桩大事。

（三）多民族国家的形成、发展与多民族修筑长城相伴

中国这一多民族国家的形成和发展，曾经历了漫长的岁月。其交融结合的形式是多方面的、复杂的，但突出形式的出现莫过于统治阶级王朝更替的时期。李白一首诗中写的“三川

北虏乱如麻，四海南奔似永嘉”，说的是自两晋以后南北朝以来，北方民族相继入主中原，当时的中原汉族和其他民族大量南迁，形成了民族的大交融大结合。其实这种民族的大交融大结合很早就开始了，只是王朝的更替更为突出罢了。自长城出现以后，各民族的诸侯都修长城，连秦始皇本人也非汉族，自称戎狄之人。自秦始皇以后，历代统治中国或中原地区的朝代为了保卫国家的安全，大多修筑长城，其中尤以各少数民族入主中原的朝代为多，计有北魏、东魏、北齐、北周、辽、金、元、清各朝，都大小不同地修筑长城，有些朝代修建规模甚大。如金长城其长度近万里，为长城修筑史上重大的一次，而汉族仅有汉、隋、明等朝代，远远少于少数民族修筑长城的朝代。

长城丰碑不仅铭刻了中华民族大交融大结合的历史事实，而且也是各族人民智慧和血汗的结晶。

长城作为中华民族上下2000多年的历史丰碑，它身上铭刻的历史事迹太多了，它所携带的历史信息太丰富了，不能一一列举。但其中还有一件十分重要的事情必须着重提出，即长城是我国古代军事科学史的实物史书。除了这一科学完整的防御工程体系之外，不知有多少万次战役战例在长城发生。不知有多少英雄、多少杰出的元戎将帅和英明指挥在长城内外演出了一幕幕惊心动魄的场面，谱写了一篇篇壮丽的史诗，需要我们从长城身上去认读、去找寻、去追思。

长城的现实意义

2000多年的漫长封建社会，随着历史的前进、社会的发展，已经成为往事，进了历史博物馆。与之同兴衰、共荣谢的长城也完成了它的历史使命，已经化干戈为玉帛，化昔日战场为锦绣河山，成了一件十分重要、无比壮观的历史文物。长城改变了原有的功能，凤凰涅槃，辉煌再现。

长城转变为历史的遗物也有一个过程。从清朝开始，初期的帝王君臣也十分重视长城的防卫作用，顺治初年就曾在今青海继明之后设置“镇”和卫所等军事建制，设总兵统领。康熙、乾隆在取得平定准噶尔叛乱等军事胜利之后，才坚定了所称的“怀柔”政策，这时始在总的策略上下了不大规模修筑长城的决心。因而出现了康熙批评秦始皇的诗：

万里经营到海涯，纷纷调发逐浮夸。
当时用尽生民力，天下何曾属尔家。

以及在古北口的诗：

断山逾古北，石壁开峻远。

形胜固难凭，在德不在险。

并出现了康熙、乾隆在赴承德、围场路经古北口时与臣子们唱和诗中的“但以雄关存旧迹”“但留形胜壮山河”诗句，欲把长城作为历史旧迹来保存了。当然，实际上也并非如康熙、乾隆所想，在他们当时和以后，清朝也还是在一些地方利用或增修了部分长城关隘。

谈到长城的现实意义，较之300年前又有了更深的认识和更大的发展。长城现实意义的内容非常丰富，除前面已经谈到的作为历史的丰碑反映上下2000多年的中华多民族国家的历史之外，还有以下几点：

一、长城，中华民族伟大力量的象征

“起来！不愿做奴隶的人们！把我们的血肉筑成我们新的长城”，这《义勇军进行曲》中雄伟庄严的嘹亮歌声，曾经在反击外来者入侵、保卫中华民族生存的抗日战争中，响彻长城内外、大河上下、大江南北。中国人民终于用血肉筑成的新的长城，打败了侵略者，保卫了中华民族，保卫了祖国的安全。

这首雄壮的歌曲自新中国成立后，一直作为中华人民共和国的国歌高唱着。

长城，以它巍巍雄姿，坚强体魄，象征着中华民族伟大坚强的力量，任何敢于来犯的侵略者，都将在这一伟大的力量面前被打得落花流水，体无完肤，片甲不存。

中国人民把保卫国家安全、人民生活安定的子弟兵称为“钢铁长城”，正是这一伟大坚强力量的体现。

长城，以它雄伟的身影，坚强不屈的性格，曾经激励了中华儿女在反击外来的侵略中，战胜了一个个敌人。今天，在实现社会主义现代化，建设中国特色社会主义的道路上，它仍将以它的伟大气概激励中华儿女闯过一个个难关，攻克一个个险阻，一往无前，奋勇前进。

二、长城，文学艺术的宝藏

长城，以其雄伟的气势，丰富的文化内涵，吸引招徕了古往今来许许多多的骚人墨客、诗词名家、艺匠画师以及帝王将相、戍卒吏丞、黎民百姓等等，为之挥毫泼墨、笔走龙蛇、讴歌咏唱，描绘了万里长城的雄风，写出了戍边征战、关山行旅、怀念远人、兵民疾苦、悲欢离合等丰富生活内容的诗篇，题材十分广泛。文辞有悲壮、有缠绵、有哀怨、有欢欣，格调生动高昂。长城诗词，在我国文学史上写下了极其光辉的一页。《汉书·贾捐之传》上有“长城之歌，至今不绝”之语，可见2000年前以长城为题材的诗歌已经不少了。汉末著名女诗人蔡琰（文姬）《胡笳十八拍》中的“夜闻陇水兮声呜咽，朝见长城兮路杳漫”“杀气朝朝冲塞门，胡风夜夜吹边月”，生动地描写了她身临长城时的亲身感受。隋代杨广（炀帝）《饮马长城窟行·示从征群臣》中的“肃肃秋风起，悠悠行万里。万里何所行，横漠筑长城。岂台（音yí，我之意）小子智，先圣之所营。树兹万世策，安此亿兆生”，如实地描述了修长城的行动和目的。唐代长城诗歌更是异彩纷呈。如李白的“长风几万里，吹度玉门关”，王昌龄的“秦时明月汉时关，万里长征人未还”，“琵琶起舞换新声……高高秋月照长城”，王维的“劝君更进一杯酒，西出阳关无故人”，高適的“校尉羽书飞瀚海，单于猎火照狼山”，岑参的“忽如一夜春风来，千树万树梨花开”，王之涣的“黄河远上白云间……春风不度玉门关”，等等。古代的边塞诗人、边塞词人已经成了独树一帜的诗词流派。毛泽东同志的“天高云淡，望断南飞雁。不到长城非好汉”，“北国风光，千里冰封，万里雪飘。望长城内外，惟余莽莽；大河上下，顿失滔滔”，更是把长城与壮丽的河山景色相结合，抒发了雄壮的革命情怀。古往今来，长城诗词、文学作品之多何止千万！孟姜女的故事已成为中国民间传说故事中广泛流传的作品之一，《孟姜女送寒衣》的歌词至今仍在广泛传唱。

历代艺术家们曾为长城绘下了雄伟的形象。近代画家孙芳等许多人，以数年的时间，踏遍长城，实地写生，绘出了数十米甚至上百米的长城长卷。摄影师黄翔、何世尧、成大林等许多人数十年来孜孜不倦地拍下了长城雄奇壮丽的身影。

这里还要特别提出的是长城本身的建筑艺术。过去曾认为长城只是一种防御工程，无多少艺术可言。其实不然，长城除了它雄伟壮观、巧妙布局、因材结构等建筑艺术之外，在装饰艺术上也有很高的成就。如在墙顶与垛口的交接之处，往往砌出菱角花牙子边饰，在射孔、雷石口处做成壶门或其他雕饰，在吐水槽滴水尖等处，凡是有一隙之地，雕刻家们都不放过，大显身手加以美化装饰，使戍边将士们在巡逻守望之余有一些艺术的享受。在山西代县雁门关、大同得胜口等处敌楼的檐上现在还保存了明代雕刻家们留下的垂花门楼砖雕艺术。其雕刻之精美富丽，足可与一些皇家、王府工程相媲美。

长城所保存的文学、艺术的宝藏，是一笔十分重要的文化艺术瑰宝。它对于我们今天文学、艺术的欣赏，创作的借鉴，都有重大的价值。

三、长城，旅游观光的胜地

旅游已经成为现代人们生活中不可缺少的一部分。旅游活动不仅是游山玩水而已，它还兼强健身体、增加知识、联系友情，以及进行经贸活动等综合功能。旅游在我国有着悠久的历史传统，许多杰出的旅行家本身就是著名的地理学家、文学家、艺术家，为中国的历史文化做出了重大的贡献。新中国成立之后，十分重视旅游事业的发展，特别是改革开放以来，把发展旅游事业作为政府的重点工作之一。悠久的历史文化、丰富的文物古迹是中国特色旅游的强大支柱。旅游的特点就是要身临其境、亲身感受，如果你不到长城，很难体会其雄、厚、壮。英国前首相希思在参观长城时说："中国的过去与将来，同样具有魅力。……抵达长城时，我觉得比以往从照片上、刺绣上和绘画上见到的长城更为壮观。"这说明了亲自抵达长城的重要性。"不到长城非好汉"的诗句借用得非常贴切。

新中国成立之后，为了接待全国各族人民，接待友好国家的贵宾元首，发展旅游事业，从1952年起就开始维修开放了居庸关、八达岭、山海关等处长城。其后又维修开放了嘉峪关、金山岭、慕田峪、司马台、黄崖关、九门口、玉门关、阳关等数十处地段的长城、关口和卫所、墩台、烽燧、烟墩。在开放地段的长城还增加了相应的旅游设施，为游人提供了方便。

50多年来，到长城来旅游观光的中外游人，数以亿万计。长城不仅对旅游事业做出了巨大贡献，而且对弘扬中华民族悠久的历史文化、促进改革开放、对外文化交流和经济的发展，都起到了积极的作用。

长城的国际影响

人们往往以一个突出的成果来标志文明的进程。建筑是科学、艺术、文化的综合体，也是强大经济基础的体现，因而它成了文明进程的标志。埃及金字塔、巴比伦空中花园、阿耳忒弥斯神庙、阿波罗神像、亚历山大灯塔、摩索拉斯陵墓和宙斯神像，它们都是建筑和艺术工程。这七大奇迹，显示了公元2世纪以前人类文明的成果。万里长城在当时虽然已经修筑，但是其时中国还未与世界产生交往，因而这一伟大的奇迹，未为所知，没有列入七大奇迹之内。

到了15世纪以后，这七大奇迹除金字塔之外，已经不存，于是人们又选出了一个七大奇迹，作为中古时期文明的标志，把原来的金字塔等称作上古七奇。中国的长城已展示出纵横十万余里的雄风，此时中国与世界往来密切，理所当然地与罗马大角斗场、比萨斜塔、索非亚大教堂等被列为中古七大奇迹之一。

此后，几百年来随着中国对外交往的日益密切，许多国家的使者、科学家、旅行家、传教士等不断来华，把中国长城介绍到国外。100年来就曾有不少的外国专家学者对长城做过专题考察，写出了专著。长城的国际影响日益显著。新中国成立后，凡来中国进行国事访问的国家元首、政府官员、驻华使节，以及经贸往来、文化交流的各种人员、专家学者、友好人士、留学生、旅游者等莫不要到长城一览雄姿。近几年来，有许多外国朋友除了对长城进行一般的参观游览之外，还沿长城进行全面的考察，拍摄照片、电影、电视，出版了专书。一位瑞士著名摄影家丹尼尔·施瓦茨先生（Mr. Daniel Schwartz）曾以3年的时间分期前来中国，跨崇山、越峻岭、穿沙漠、经绝壁拍摄长城的艺术照片，出版画册、制作图片，到许多国家和中国来展览，为宣传长城做出了贡献。

当中国人到国外去访问、参观、旅游或是进行经贸活动的时候，虽然彼此并不了解，但是，只要提到中国的长城，外国人都很熟悉。长城中国、中国长城，几乎是同一语。我曾经到过亚洲、美洲、非洲、欧洲、大洋洲的许多国家访问、旅游，一谈到中国时，不管是官员、专家学者或是普通人，都知道中国的长城。我去年随全国政协代表团到埃及访问时，从总统、总理、议会议长、协商会会长到专家教授和平民，一开始会面交谈时，总是先说：长城和金字塔，把我们两个文明古国的友情联系起来了。长城在国际上的影响在中国古代历史文化遗存中，恐怕要算首屈一指了。

长城在国际上产生如此广泛的影响，其原因在于它不仅是中国历史上的伟大奇迹，而且也是人类历史上的伟大奇迹，它不仅是中国人民的珍贵文化财富，也是人类共同的文化财富。

今天，长城这一中华瑰宝、世界奇观加倍受到重视。1961年中华人民共和国国务院已将它公布为第一批国家文物保护单位，1987年又被联合国教科文组织世界遗产委员会列入世界文化遗产名录。

有人曾经做过粗略统计，如果用修筑长城的砖石、土方来修筑一道高5米、厚1米的大墙，或是铺筑一条宽5米、厚40厘米的马路，那么这道墙可环绕地球三四十周，这条马路可环绕地球100多周。这还只是城墙的本身，如果加上关城、卫所、兵营、城堡、墩台、烽火台的砖石土方量，这道大墙和马路将绕地球几十周，上百周了，其工程量之大，可想而知。

长城作为古代建筑工程的奇迹，还不仅仅在于工程量之大，而更重要的还在于它严密而又科学的军事防御体系布局，“因地形，用险制塞”的科学设防，烽烟相望、顷刻千里的通信联络系统，以及因地制宜，就地取材，采用不同建筑材料、不同结构方式建筑的城墙和各种建筑物，还有亿万人民不畏困难的艰巨劳动。

长城是中华各民族历代先民勤劳智慧和血汗的结晶。美国前总统尼克松在参观了长城后说：“我认为，你一定会得出这样一个结论——只有一个伟大的民族，才能造得出这样一座伟大的长城。”这个结论，说明了他对中国人民的高度评价。

长城的保护维修

保护文化遗产的重要意义，越来越受到各个国家和国际社会的重视。1964年5月在威尼斯召开的第二届历史古迹建筑师及技师国际会议通过的《国际古迹保护与修复宪章》中指出：“世世代代人民的历史古迹，饱含过去岁月的信息，留存至今成为人们古老的活的见证人。人们越来越意识到人类价值的统一性，并把古代遗迹看作共同的遗产。认识到保护这些古迹的共同责任。”

长城既是中国的国家级重点文物保护单位，又是世界文化遗产名录中的一项，因而对它的保护不仅受到中华人民共和国法律的保障，也受到国际遗产保护组织的关注。

自新中国成立之初就对长城的保护、维修与综合利用给予了高度的重视。从1950年开始，在中央人民政府和主管部门所发布的文物保护命令、指示、条例中都把长城作为重点项目列入，并派出专家学者对长城进行考察和重点的考古清理与发掘工作，出土了大批简牍文书和珍贵文物。在调查研究的基础上，1961年公布了山海关、居庸关、八达岭、嘉峪关4处为第一批国家级重点文物保护单位。其后，第二批、第三批又公布了玉门关长城烽燧、居延（烽燧、塞墙）、金山岭长城、兴城城墙（宁远卫城）等长城重点地段、关城、卫城为国家级重点文物保护单位。

目前，国家对长城的保护制定了“全面保护、重点维修、重点开放”的方针。这一方针是根据长城的规模太大，保存的情况不一，有些地段残毁过甚，根本无法恢复，也无必要全部修复的具体情况而制定的。但作为这样一件显示重要建筑工程奇迹的文物，必须全部加以保护，不要让它继续受到破坏。

长城保护的另一项重要工作，即要查清目前长城的保存情况：长城的真实长度、分布情况、位置走向、残毁程度及其历史、艺术、科学价值等等。1979年，国家文物局专门在内蒙古自治区呼和浩特市召开了长城保护研究的会议，向各有关省市布置了工作、安排了一些经费。由于长城这一“上下两千多年，纵横十万余里”的工程，其历史与现状都非常复杂，所以工作十分困难。但是在许多文物考古工作者和许多有关科研部门、大专院校专家教授们的共同努力下，已经取得了丰硕成果。地矿部遥感中心，利用遥感技术已完成了对北京市和宁夏回族自治区长城的考察研究，获得了大量科研成果。如根据遥感考察把北京市原来所知长城长度300多公里增加到了600多公里，查出了上千座宁夏境内烽火台的情况。这种新的科技用于长城的考察研究必将加速长城的考察并提高成果的质量。还有一些有志青年对长城进行徒步考察，也取得了丰硕成果。如董耀会等人对明长城进行了3年的徒步考察，并写出了专门报告，对长城研究做出了贡献。

维修长城，是保护长城的重要手段。由于长城经历了几百年，甚至2000多年的风雨侵蚀和人为的破坏，已经大部残毁，尤其是早期的用土石、沙砾等材料修筑的长城已几乎很难找出完整的段落。就是明、清修筑的砖石长城保存完好的也已不多了。据初步估测，目前保存基本上可看出形体的长城，约可占十分之一二。保存基本完整的仅百分之一二而已。就是基本完好的也需要加固维修才能开放参观。根据多年来的经验，长城的维修一直是采取“重点维修”的方针。选择的原则是根据长城本身的价值，保存完整的程度，交通的条件和是否能配合旅游开放，等等。

自1952年开始，根据著名历史考古学家、文学家郭沫若先生的提议，配合接待和旅游开放，首先维修了居庸关、八达岭和山海关长城。其后又逐年维修了嘉峪关、金山岭等处长城。长城的维修不仅更好地加强了保护，而且为宣传教育、改革开放、旅游事业的发展做出了贡献。

这里要特别提出的是1984年9月邓小平同志为《北京晚报》《北京日报》《经济日报》等发起的维修长城的社会赞助活动写下“爱我中华，修我长城”的题词，把长城的保护维修推向了一个具有划时代意义的阶段。题词的重要意义是把维修长城的工作提高到“爱我中华”的爱国主义的高度。10年来，在这一题词的号召下，国家对许多重点地段的长城进行了维修，如北京的居庸关、八达岭、慕田峪、司马台等处长城，天津的黄崖关长城，河北的山海关老龙头、金山岭、马兰关长城，辽宁的九门口、虎山长城，山西的雁门关，陕西的镇北台，甘肃的嘉峪关、玉门关、阳关，等等。有的是扩大了维修的范围，有的是新修开放，有的是加强了保护设施，有的则是在科学研究的基础上加以修复，重现了当年长城雄关的风貌。

在“爱我中华，修我长城”的社会赞助活动中，出现了许多感人的事迹，捐款赞助者不仅有机关、单位、企业，还有老人、青年、学生，甚至有幼儿园的小朋友，把买糖果的钱节省下来，捐给了修长城的活动。捐款的外国友人来自美国、日本、英国、法国、德国、意大利、瑞典、瑞士、希腊、澳大利亚、巴基斯坦、卢森堡等等，几乎遍及全世界，他们都说长城是人类共同的文化财富，保护长城他们也有责任。德国的汉高公司专门捐款维修了慕田峪一段长城，联合国教科文组织专门将“拯救威尼斯，维修长城”国际活动的捐款转拨北京市，维修了慕田峪一段长城。

长城的维修是一项科学性、技术性很强的工作，每一工程都是按照《文物保护法》“不改变文物原状”的规定在专家们的指导下进行的，但在材料和工艺上也有个别不如人意的地方，现已在不断地改进。

“爱我中华，修我长城”这一具有深远意义的题词和活动，将与长城一起永耀千秋！

长城考察研究和新的发现

长城，由于历史悠久，规模宏大，“上下两千多年，纵横十万余里”的丰富内涵，许许多多的地方还未考察到，许许多多问题还未弄清楚，还在不断地探索。新发现、新情况、新的成果不断出现，围绕长城开展的各种活动，非常活跃。

一、藏区长城的考察

我曾经从100多年前一位外国人考察长城的书上，看到了他称之为西藏长城的地图和说明，长城学会副会长、老红军王定国也曾告诉我，她在长征途中，在四川青海藏区看见过长城和烽火台。于是我借出差青海的机会，曾两次对这一段过去鲜为人知的长城进行了考察。我从青海的大通沿西宁、湟中、贵德、同仁（属黄南藏族自治州）途中发现了土筑长城和敌台、烟墩、堡城等属于长城防御体系的工事，长数百公里。根据《青海省志》和有关资料记载，这道长城始建于明，清代初期曾加以利用维修，在青海设了总兵官予以统辖。在大通的长城为土筑，残存高度不等，保存较好的有六七米之高，底宽10米左右。在湟中附近，烟墩（即烽火台）林立，并在山巅保存了5个并列燃烟或举火的灶台。由于未能彻底考察，其情况还未能弄清，尚待进一步考察清楚。

二、山东齐长城的徒步考察研究

山东齐长城，是先秦长城（秦始皇长城之前）中现在有准确遗址可考、保存最好、年代最早的长城。它自山东西部古平阴（今长清境内）东至海边，全长1000多里。虽然历史文献有据，遗物尚存，但从未有人全程详细考察过。

1996年—1997年，山东泰安市路宗元、孙立华等五位离退休的老人经过两年时间，进行了徒步全程考察和测绘、摄影，基本弄清了这一早期长城的历史和现状。他们还编辑出版了一本内容非常丰富、图文并茂的大画册，是近年对长城考察研究的极大贡献。我曾经鼓励并支持了这一活动，对五位老人的壮举表示由衷的钦佩。

三、楚长城的考察研究

楚长城（位于河南、湖北境内），史称方城，长数百公里，是历史文献上记载最早的长城。多年来，已有不少专家学者和文物工作者进行过考察，但还有不同的意见，甚至有人否认它的存在。河南省文物局尤志远同志做了多年的考察研究工作，报告还未写出发表，近来又有不少专家和有关工作人员进行了考察研究。我因未曾参加过实地考察，不能置以可否，但我仍相信楚长城的存在是肯定的，希望能早日定论。

四、南方长城湘西边墙的发现与保护维修和开放

2000年4月间，我和建设部、国家文物局的专家与官员，为了湖南湘西土家、苗族自治州凤凰县历史文化名城的保护申报问题，在考察名城的同时，对这一段被称作南方长城的湘西边墙进行了实地考察。发现了这一段正是志书和历史文献上记载的湘西边墙。当地的文物考古工作者也早已知道这一边墙，但是未把它作为长城来看待。其实明代所有的长城都被称为边墙，并把长城分作9个军事管辖区来设防控制，称作“九边”。北京居庸关、八达岭，河北山海关，甘肃嘉峪关等都属九边之内的边墙。明史上把一万多里的长城都称作边墙。因为这一道长城在长江之南，所以把它称作南方长城。

根据明代历史文献记载，这道边墙是为了保护湖南湘西地区苗族（归顺朝廷的）和土家等族民众，防止贵州地区称作“生苗”的苗族（反抗朝廷的）的袭扰而修筑的。其长度在历史文献上记载为380里（190公里）。清代对这道边墙十分重视，并增筑了城堡、关隘，继续驻军守御，在肯定了这道边墙即明长城的一部分之后，湖南省和州、县的文物考古工作者，又进行了全面的考察、测绘，发现了许多城墙、关隘、城堡、碉卡，完全符合长城这一防御工程体系的规制，经过实地考

察，其长度又有所增加，达五六百里之多。

为了保护和发展旅游，当地政府在省、州文物主管部门的领导和支持下，已将县城境内重点地段的城墙、碉卡按原状予以抢救保护，并于2001年5月修复竣工开放，迎接广大的国内外旅游参观者。

五、云南滇东长城埂的考察研究

在北京大学教授于希贤先生的率领下，专门成立了一个云南滇东长城的实地考察研究组，对云南滇东石林、陆良、弥勒等市县境内被称作长城埂的残垣进行了为期一年多的实地考察，取得了丰硕的成果。其修筑年代，防御功能体系尚在进一步研究中。

六、浙江临安长墙关口的考察研究

继湘西边墙南方长城和滇东长城埂的考察研究之后，浙江临安旅游等有关部门又发现了当地与安徽交界处的山岭之上的断壁残垣，并有石筑关口存在。我曾应邀前往观察。传说是五代南唐、吴越之间的墙界，但未做详细的考察研究，目前尚未能定论是否属于长城防御工程体系。

壹　长城简史

长城开始修筑的时期，大约在公元前7世纪。那时正是我国历史上的春秋战国时代。由于诸侯之间互相兼并，出现了秦、楚、齐、燕、韩、赵、魏等几个大的诸侯国。各诸侯国为了防御，各自在自己的土地上修筑长城。另外还有一些小国如中山国（在今河北省中部）也修筑了长城。秦始皇以前各诸侯国修筑的长城，由于年代久远，2000多年来未加修理过。秦始皇还下令把一些关隘险阻拆除了，致遗迹难寻。这里主要根据一些并不十分准确，甚至互有出入的文献记载做简略介绍，俾对秦以前错综纷纭的诸侯长城有所了解。至于这些长城的具体位置和情况，尚待文物考古工作者的实地考察补正。

楚长城

根据历史记载，最早修筑长城的是楚国。楚长城在历史文献记载上被称作“方城”。《左传》上记载有这样一个故事：公元前656年（楚成王十六年），齐国要进兵攻打楚国，军队已经到了陉这个地方，楚成王派屈完去迎敌，到了召陵地方，屈完对齐侯说，你如果真想打一仗的话，楚国有方城可以作为城防，有汉水作为城池，足可以抵挡一阵子的。齐侯见楚防御工事果然坚固，只好收兵。

像这样别的诸侯国家去攻打楚国，到了方城就被阻挡而回的情况，在古代文献上还有不少记载。如《左传》上记载公元前624年（楚穆王二年），晋国的处父伐楚以救江[①]，到了方城，遇到息公子朱，便回去了。又如公元前557年（楚康王三年），晋国的荀偃、栾黡帅师伐楚，入侵到了方城之外，由于防御严实，没敢攻打，结果只好攻打了一下别的地方就回去了。这些情况不仅说明了楚方城在防御其他诸侯邻国侵扰上的功用，而且也说明了方城不是一般孤立城市的城垣，而是连绵不断的城

① 江是小而弱的诸侯国，在今河南安阳。到了楚穆王三年（前623年）还是被楚灭了。

防，构成了一个完整的防御工程体系。这便是长城的开始。

关于楚方城就是楚长城的记载，在古代历史文献中，得到了证实。《汉书·地理志》上说：“南阳郡，叶，楚叶公邑。

河南平顶山舞钢市平岭楚长城墙体遗址　李一丕摄影

有长城，号曰方城。”北魏郦道元《水经注》上记载更为详细。“潕水”条上记载：叶县东面有故城一道，从犨县（今鲁山县东南五十里）开始，东至溉水（今泌阳县北），达沘阳（今唐河）界，南北联联数百里，号为方城，也称作长城。郦县也有故城一面，未详里数，号为长城，也即这一道长城的西段，其间相去600里。

关于楚长城的建筑形式，由于保存的遗址尚未查清，目前尚不能确证，但从历史文献记载上我们还能得知一些情况。可以得出以下结论：

（一）楚长城起初是由列城发展而成的

据《水经注》“汝水”条上记载：“醴水……经叶县故城北，春秋昭公十五年（前527年），许迁于叶者也。楚盛周衰，控霸南土，欲争强中国，多筑列城于北方，以逼华夏，故号此城为万城，或作方字。”所称列城即一系列依地形排列的防御性小城，以为屯兵警哨之所。城与城之间有的地方依险为屏障，有的地方筑城墙予以连接便成了巩固的长大城防。列城是长城的一种重要形式，直至后来秦汉时期的长城还大量采用了列城的形式。如汉武帝太初三年（前102年）遣光禄勋徐自为修筑了五原塞外的列城，向西北数百里到了卢朐。从古代军事学和防御工程原理来看从相隔一定距离的列城（或是亭障、烽燧）中间逐步修筑城墙联系，发展为成千上万里的长城防线是合乎科学发展规律的。因此可以说，楚方城（或称万城）应即最早的长城。

（二）楚长城的建筑，是因地制宜，就地取材

《括地志》上说："故长城在邓州内乡县东七十五里，南入穰县，北连翼望山，无土之处，累石为固。"这种根据地形、地质情况就地取材的办法，在以后朝代所修筑的长城中也大都是这样的。

（三）楚长城利用山河之险以为城

《水经注》上记载郦县的一道楚长城说，这道长城的"北面虽无基筑，皆连山相接，而汉水流其南"。即在高山险阻和大江为堑的地段，利用山河作为险阻，不再修筑城墙。这种情况，在以后历代长城建筑工程中，也往往采用。这也证明了《左传》上屈完答齐桓公那段话"楚国方城以为城，汉水以为池"，不是虚构的。

楚长城的位置，根据历史文献记载，它的西头从今天湖北的竹山县开始，跨汉水辗转至河南的邓县，往北经内乡县，再向东北经鲁山县、叶县，往南跨过沙河直达泌阳县。总长将近1000里。从地理位置上看，这一道长城正好处在当时楚国都城郢都的西北和东北面，对于防御较为强大的诸侯邻国秦、晋、齐、韩、魏等的进攻是恰当的。

齐长城

齐国也是春秋诸侯国家中修筑长城较早的一个。古代历史文献中有许多关于齐长城的记载。最早的是公元前555年（灵公二十七年），《左传》上记载："晋侯伐齐，……齐侯御诸平阴，堑防门而守之广里。"这是齐国在平阴修筑的一道防御工事，防门后来一直是齐长城的一道重要关口。这时是否已修起了千里长城，文献上没有明确记载，但是已经修了防御工事，是很清楚的。到公元前404年（齐康公元年），《竹书纪年》上已记载了晋烈公命韩景子、赵烈子、翟员攻打齐国，进

山东莱芜东门关齐长城遗址　郑严摄影

入长城的事。《史记·赵世家》亦有赵成侯七年（前368年）侵齐至长城的话。因此，可以说齐长城至迟在公元前5世纪已经有了。以后如《竹书纪年》上记载："梁惠成王二十年（前350年），齐筑防以为长城。"《史记·楚世家·正义》引《齐记》记载："齐宣王乘山岭之上筑长城，东至海，西至济州千余里，以备楚。"修建的记录更加清楚了。大概是从战国初年开始，到齐威王时期和稍后建筑的。

至于齐长城起讫的地点和经过的地段，历史文献上记载得也很清楚。《水经注》："汶水，出朱虚县泰山，山上有长城，西接岱山，东连琅邪巨海，千有余里，盖田氏之所造也。"其他如《通典》《元和郡县志》《读史方舆纪要》《泰山道里记》等对齐长城所经过的地方都有记载。与现在的情况相对照，齐长城是西从今天山东平阴县北起，向东乘山岭经泰安西北，莱芜县北，章丘县南，淄川县西南，临朐县南，安丘县西南，诸城县南，琅琊台北至胶南县的大朱山东入海。

现今，齐长城的遗迹在山东境内上述经过的地方还隐约可以看出，有一些地点还保存着城墙的遗址。这是春秋战国时期长城遗址保存得较多的一处。

齐长城的结构从现存莱芜、泰安等地所存遗址得知主要有土筑和石砌两种。在平地多用黄土夯筑，在山岭或产石地点多用石块垒砌。石块多系毛石，未加工成条石或方石。现存长城厚度四五米，残高一二米至三四米不等。

中山长城

春秋战国时期，在今河北省中部正定、石家庄的西北，有一支少数民族鲜虞（属于北狄种族）逐渐强大，建立了一个强悍的诸侯小国名叫中山。它东与齐国相邻，北与燕国相接，西南与晋、赵相连，四邻都是强大的诸侯国家。中山虽然国土不大，但是民族非常强悍，经常打败晋、赵等强邻。据最近在石家庄西北的平山县三汲公社发掘出的中山国王陵墓出土的铜器看，中山国当时的冶金技术和工艺水平是十分惊人的。据《左传》记载，定公三年（前507年）秋天，鲜虞曾经大败晋军于平中[①]地方，以后又多次打败晋、赵军队。但中山由于四面强邻，国土又小，终因寡不敌众，在公元前296年被赵国赵武灵王的儿子赵惠文王所灭。

中山为了防御西南强邻赵、晋的袭击，也修筑了长城。《史记·赵世家》记载：赵成侯六年（前369年）“中山筑长城”。由于中山对东北的齐和燕采取联合政策，并无相

① 平中，晋地。

犯。经常与之发生战争的是赵和晋，尤其赵武灵王把中山当作他的心腹之患。因此，中山长城的位置应在它的西南部与赵、晋交界处。根据《汉书·地理志》、《括地志》和《读史方舆纪要》等记载，中山长城的位置在今河北、山西交界的地区，纵贯恒山，从太行山南下，经龙泉、倒马、井陉、娘子关、固关以至邢台黄泽关以南的明水岭大岭口，全长500多里。

魏长城

魏为战国七雄之一，在今河南、陕西境内。它的东面有淮、颍水与宋、齐为邻，南有鸿沟与楚为邻，西北过渭河、沿洛水与秦为邻，北与赵为邻。魏文侯即位以后，重用西门豹、李悝等人，兴修水利，发展生产，一时国力强盛，成为战国初年最强盛的国家。但是西面的秦国和南面的楚国也日渐强大起来，尤其是秦，经常对魏袭击，擒获将士，占领疆土，使魏不得不筑城设防。魏的西北又有一小部分领土与西戎相接，防秦防戎，成了魏军事上的大事。于是开始了长城的修筑。

魏长城共有两道：一是西北的防秦和防戎长城（河西长城），二是西南长城（河南长城）。

河西长城修筑的年代，据《史记·秦本纪》记载：孝公元年（前361年，即魏惠王九年），楚、魏与秦接界，魏筑长城自郑滨洛。《竹书纪年》上又有：梁惠成王十二年（前358年），龙贾帅师筑长城于西边。《史记·魏世家》和《史记·六国年表》载，惠王十九年（前351年）也有筑长城、塞

陕西大荔县战国魏长城遗址　张依萌摄影

固阳的举措。当是自公元前361年—前351年，前后10年间陆续都在修建。《史记·匈奴列传》上记载：魏有河西上郡，以与戎界边。可知这一西北长城除了防秦之外，还同时防西戎。这道长城的位置，据《水经注》上说："渭水又东，径长城北，长涧水注之，水南出太华之山，侧长城东而北流注于渭水。"《史记》记载："秦孝公元年，楚魏与秦接界，魏筑长城自郑滨洛者也。""渭水又东，沙渠水注之，水出南山，北流，西北入长城，城自华山北达于河。"即南自华山，西北行

陕西华山脚下战国魏长城遗址　郭峰摄影

又沿黄河西崖北行，长达1000余里。现在这道长城的遗址在陕西省境内的华阴、韩城、延安、绥德等地尚有保存。

魏河南长城，即《史记·张仪列传》上所载“秦下兵攻河外，据卷、衍、酸枣”的河外长城。《郡国志》上有：卷有长城，经阳武到密。这道长城的建筑年代，《竹书纪年》上记载为梁惠成王十五年（前355年）所筑。长城的位置，《水经注》上也有记载：“阴沟首受大河于卷县。故渎东南径卷县故城南，又东径蒙城北，……故渎东分为二，……俱东绝济隧。右渎东南径阳武城北，东南绝长城……左渎又东绝长城，径垣雍城南……又东南径封丘县、绝济渎，东南至大梁。……”“渠水……历中牟县之圃田泽，北与阳武分水……泽在中牟县西，西限长城，东极官渡。……渠水又东，不家沟水注之，水出京县东南梅山北溪……其水自溪东北流，径管城西……又东北分为二水……其一水东越长城……北入圃田泽。”根据《水经注》上所记得知这一长城自阴沟开始，经大河故渎东，在阳武跨过阴沟左、右二渎，过北济水、南济水，以经管城，往西南至于密。全长约600里。

郑韩长城

这道长城先是郑所筑，后来韩灭了郑，继续修筑使用，而且在历史文献上，有时称韩，有时称郑，因此，把它称作郑韩长城。建筑的年代，按《竹书纪年》上记载说，梁惠成王十五年（前355年），郑筑长城，自亥谷以南。这一长城与魏的东南河外长城相合，是用来防秦的。

秦昭王长城

秦在始皇之前，已经有争霸的趋势，力图东进，统一天下。因此，在其与东南邻界诸侯国家之间，没有修筑长城的必要。但是在它的西北与强大的匈奴接界，匈奴奴隶主贵族不时南下骚扰，不仅对秦国内人民生产生活的安定有很大的威胁，而且对其东进统一天下的雄图极为不利。于是在一次打败义渠的战争中，乘胜追击，并且修筑了长城作为防御。《史记·匈奴列传》上记载：秦昭王时（前306年—前251年）"……杀义渠戎王于甘泉，遂起兵伐残义渠，于是秦有陇西、北地、上郡，筑长城以拒胡。"又根据《史记·张仪列传》上说："立惠王为王，居一岁，为秦将，取陕，筑上郡塞。”按照《史记·六国年表》上所记，取陕的时间在惠文王更元初年（前324年），并且设了义渠县，说明这时已开始修筑长城，到秦昭王时才继续修筑完成。上郡原是魏的领土，魏在这里曾修筑过长城，这一条长城有些地段可能沿用魏长城之旧筑。北地在上郡之西，陇西的郡治在巩昌，距临洮不远，这一段长城应即后来秦始皇万里长城西部的一部分。它起于今甘肃的中部临洮，北达今兰州，再东行，到今宁夏的固原县境，折而东北行，到甘肃的环县、庆阳，再到陕西的郎县、延安、绥德，止于黄河边。

燕长城

燕居七国的东北部，国力甚强，版图较大。燕东濒大海，已是自然屏障，南接齐、赵，曾与秦、楚、晋合谋伐齐，大败齐师，燕军独自追至临淄城下，齐不敢犯燕。但是在燕的北面常有胡人南下骚扰，而西面则有秦国崛起，每有东进称霸之心。其间虽然还有赵国相隔，但赵也常受秦的驱使犯燕，实为大患。为了防御，燕便修筑了北长城和易水长城，以防胡和秦、赵。

易水长城据《史记·张仪列传》记载，张仪作为一个说客，向燕昭王说："秦下甲云中、九原，驱赵而攻燕，则易水长城，非大王之有也。"说明这时易水一带已筑有长城。张仪说六国连横为燕昭王元年（前311年），可知这一段长城修建的年代当在苏秦说文公合纵（前334年）至公元前311年之间。这是用来防齐、赵，保卫燕国下都——易水城的。燕易水长城的位置，《水经注》上记载甚详："易水又东届关门城西南，即燕之长城门也。……又东，历燕之长城。……又东流，屈径长城西。……又东，梁门陂水注之，水上承易水于梁

河北易县战国燕南长城遗址　丁涛摄影

门，东入长城。……易水东至文安县，与滹沱合。《史记》苏秦曰：‘燕长城以北，易水以南’，正谓此水也。”《水经注》“滱水”条又记载：“滱水又东北，径阿陵县故城东。……滱水东北至长城，注于易水者也。”其他如《元和郡县志》《大清一统志》等俱记载有燕易水长城的情况。其位置大致相当于今天河北省易县的西南，向东南经定兴、徐水、安新、文安、任丘之间，达于文安县东南，长500余里。

燕东北长城即位于上谷、渔阳、右北平、辽西、辽东的长城。这道长城的修筑，历史上有一段故事：起初，燕国受到北面相邻的东胡山戎的威胁，曾把一位有名的将军秦开，作为人质送给东胡，以求暂时安定。胡人对秦开很是信任。后来秦开回来，发军大破东胡，把东胡赶出1000多里以外。于是燕便筑

河北沽源县战国燕北长城遗址　李文龙摄影

长城，自造阳至襄平（今辽宁辽阳），并设置了上谷、渔阳、右北平、辽西、辽东五郡，用以防备东胡再度骚扰（见《史记·匈奴列传》）。这一长城修筑的年代，由于历史上对秦开没有准确的年代记载，后人根据与荆轲共同刺杀秦始皇的秦舞阳是秦开的孙子推断，当在燕孝王时或燕王喜即位初年（前254年），这是战国时最后出现的一条长城。这一长城所经的地方，约自今河北张家口东北行经内蒙古多伦、独石等境，又东经河北省围场县、辽宁朝阳，越过医巫闾山，渡辽河达于辽阳，长达2400余里。现在，这些地区还保存有燕长城的遗迹。

赵长城

根据历史文献记载，赵有两道长城：

（一）漳滏长城，在赵的南境

《史记·赵世家》上记载："肃侯十七年（前333年）筑长城。"又说，武灵王十九年（前307年），召楼缓谋曰："我先王因世之变，以长南藩之地，属阻漳滏之险，立长城。"这道长城主要是用以防魏的，同时因秦强大，恐其逼魏而攻，也起防秦的作用。此漳滏长城的位置在漳水北崖，今河北临漳、磁县一带，尚有遗址可寻。全长约400里。

（二）赵武灵王所筑云中、雁门、代郡长城

赵武灵王是一个敢于革新和极力推进民族文化交流的君主。他不顾贵族官僚的反对，发布了“胡服骑射”的命令，引进了有利于生活和武备的胡人方式。但是他对胡人的侵扰并不退让而是进行抗击和备战设防。修筑长城就是备战的措施。据《史记·匈奴列传》和《史记·赵世家》上记载，在赵武

河南安阳林州市战国赵南长城遗址　成大林摄影

灵王二十年（前306年）打败了林胡、楼烦，二十六年（前300年）开发了燕、代、云中、九原这些地方。并修筑长城，东起于代（今河北宣化境内），经云中、雁门（今山西北部），西北折入阴山，至高阙（今内蒙古乌拉山与狼山之间的缺口），长约1300里。现在这一段赵长城的遗址还断续绵亘于大青山、乌拉山、狼山之间。后来秦始皇修筑万里长城的时候，曾利用了这一段赵长城的部分作为基础。

以上简单分述春秋战国时期诸侯兼并，相互争霸各自设防，先后修筑长城以为互相防卫的始末，这些长城的位置根据各诸侯国家设防的需要，或南或北，或西或东，布满了我国黄

内蒙古自治区包头赵长城遗址　龚建中摄影

河、长江流域的广大地区。从这许多长城的分布上也正可看出春秋战国时期诸侯割据，相互争战的历史情况。春秋战国时期的长城，虽然自秦统一中国之后除少部分作为万里长城的基础之外，大多已被下令拆毁，保存的遗址不多。但是它们对于研究早期长城的历史和当时的社会政治、军事等情况却具有重要的意义。

秦始皇万里长城

长城虽然在春秋战国时期即已修筑，但是由于诸侯林立，属境较小，一般小国长城都只有几百里，一些大的诸侯国家的长城也不过三四千里。万里长城之名，自秦始皇才开始，因此，人们提到万里长城的时候，往往把它同秦始皇的名字联系起来，这确属事实。据司马迁《史记·蒙恬列传》上记载："秦已并天下，乃使蒙恬将三十万众，北逐戎狄，收河南，筑长城。因地形，用险制塞，起临洮，至辽东，延袤万余里。"关于秦始皇派遣大将蒙恬修筑长城的情况，在《史记·秦始皇本纪》和当时其他的文献中均有不少记述。如《淮南子·人间训》中也有记载："秦发卒五十万，使蒙公杨翁子将，筑修城，西属流沙，北击辽水……秦之时……丁壮丈夫，

宁夏回族自治区秦长城遗址　夏冬摄影

西至临洮、狄道……北至飞狐、阳原，道路死者以沟量。”

可以看到，它西起于临洮。西段是因秦昭王的旧长城修缮而成的。

《史记·秦始皇本纪》秦始皇三十三年（前214年）：“西北斥逐匈奴，自榆中并河以东，属之阴山，以为三十四县，城河上为塞。”又记载：“又使蒙恬渡河取高阙、陶山[①]、北假中，筑亭障以逐戎人。”可见北段是蒙恬收复了黄河河套，沿黄河、阴山设立亭障要塞的。有记载说它北面、东面沿了赵、燕的旧长城，西起高阙，东到造阳，再东行，抵达辽东。

从《史记》看到，这段长城是秦始皇三十年（前217年）伐匈奴开始，到秦始皇三十七年（前210年），二世赐蒙恬、扶苏死，共9年筑成的。

对于秦始皇修筑万里长城的评论，2000多年来，众说纷纭，有褒有贬，各抒己见。褒扬的有汉文帝、桑弘羊、唐太宗、杜甫等等。桑弘羊说：“自古明王，不能无征伐而服不义，不能无城垒而御强暴也……有备则制人，无备则制于人。故仲山甫补衮职之缺，蒙公筑长城之固，所以备寇难而折冲万里之外也。今不固其外，欲安其内，犹家人不坚垣墙，狗吠夜惊而暗昧妄行也。”这一派的主张就是要备战设防，否则就不

① 陶山，王念孙以为即阴山。

能保卫国家的安全、人民的安定。但另一方面对秦始皇修筑万里长城贬斥的也不乏其人，有汉代的贤良唐生、文学万生、贾谊、司马迁，唐代的贯休，宋代的郑震等人。这一派的意见斥责秦始皇暴虐，筑长城劳民伤财。今天，我们根据历史唯物主义的观点来分析，应该肯定秦始皇为了巩固新建的中央集权封建制国家的安全，保障中原地区较先进的农业生产和人民生活的安定而修筑长城是有积极意义的。这应是主要的一个方面。至于秦始皇作为封建统治阶级的代表人物，对劳动人民残酷压迫的一面也是应当指出予以批判的。

公元前221年，秦始皇统一了中国，春秋战国时期诸侯割据称雄的纷争局面宣告结束，封建专制主义中央集权的国家开始了。为了适应统一国家的需要，秦始皇采取了一系列措施，诸如设郡县，实行“书同文”“车同轨”“行同伦”，以及统一度量衡和其他各种统一的制度以促进政治、经济、军事、文化的发展。这些措施是巩固中央集权封建制国家所必需的。修筑万里长城即根据巩固中央集权封建制统一国家的需要所采取的一种政治军事措施。

我国自古以来就是一个多民族共存的国家，各民族统治集团之间不时发生矛盾和战争，在秦始皇时期主要的民族矛盾仍然是匈奴、东胡等北方游牧民族和中原地区以汉族为主的各民族统治集团之间的矛盾，而当时的长江黄河流域大部分地区已经处于以农业生产为主的封建社会发达阶段。农业生产需要安定经营，长期培植，才能获得好的收成。而当时的匈奴、东胡还处在奴隶制的早期阶段，匈奴、东胡等奴隶主贵族除了残酷剥削压迫本民族的奴隶外，还经常南下掠夺财产、牲畜并掳掠人民，给中原地区人民的生产、生活造成极大的威胁。因此，秦始皇对匈奴的战争实际上是保卫进步的生产关系的战争，是有利于生产力的发展的。

秦始皇并灭六国，统一了天下，原来燕、赵等国的北部地区生产比较落后，为了发展这些地区的经济文化，巩固其统治，在北部地区设置了陇西、北地、上郡、九原、云中、雁门、代郡、上谷、渔阳、右北平、辽西、辽东等12郡，用以进行管辖，主要是进行垦殖发展农牧业经济。同时也是防御匈奴、东胡奴隶主贵族骚扰中原的一项措施。

在秦始皇并六国以后的15年中，由于采取了修筑长城来防御和垦殖北方土地等措施，是收到了效果的。“当此之时，匈奴单于不胜秦，北徙。”十余年不敢南下而牧马。可见筑长城在当时历史条件下，是出于防御而采取的一种较好形式。

在历史上还记载有方士向秦始皇进奏图书时说：“亡秦者，胡也”，于是发大军击匈奴，并筑长城。这也有可能是秦始皇借方士之口而修筑长城，或是方士察觉了秦始皇在政治军事上的需要而献策的吧。

秦始皇修长城是统一的措施，而且拆长城也是统一的一项措施。在春秋战国时期诸侯争霸，就各自筑长城以自卫，长城成了诸侯割据的屏障，进可攻，退可守，如果让它存在就给地方割据保存了条件。因此，秦始皇在统一天下之后，立即下令拆毁内部各国的长城、关隘，“夷去险阻”。在秦始皇东巡海上到今天的秦皇岛一带时所刻《碣石门辞》上曾记述了这一件事。

铭曰：……德并诸侯，初一太平。隳坏城郭，决通川防，夷去险阻。地势既定，黎庶无繇，天下咸抚。男乐其畴，女修其业。

这里所说的“隳坏城郭”“夷去险阻”，就是拆除六国互防长城、关隘和防御性城垣等设施。

秦始皇修筑万里长城，对于防止匈奴奴隶主的骚扰，保障北部十二郡的开发，保护中原地区经济文化的发展，是有积极意义的。但是使用的民力过多，刑法苛暴，强迫大量农民脱离生产服役。当时全国人口约2000万，劳动力不到1000万，男劳力仅500万左右，修阿房宫、始皇陵和其他宫室苑囿占去了约150万，守五岭约50万，筑长城约50万，加上其他杂役约在300

万人，占全国丁男劳力的一半以上。因此，全国生产必然受到影响，人民生活更加痛苦，促使社会矛盾更为尖锐。秦始皇死后不久便爆发了陈胜、吴广的大起义，秦王朝不到20年就宣告覆灭。历史上不少人以此斥秦始皇之无道，并借一个早于秦始皇多年的“杞梁妻”，编造了“孟姜女哭长城”的故事，用来批判秦始皇和其他一些封建帝王对人民的强暴奴役。由此而来，孟姜女的故事广泛流传了1000多年，不是没有缘由的。

汉长城和亭障、列城、烽燧

秦始皇万里长城规模已经很大了，而汉代长城较之秦长城更有所发展。并筑了外长城，它们的长度达到了两万里，是历史上修筑长城最长的一个朝代。

汉朝花如此大力修筑长城，除了军事上的防御之外，汉长城的西部还起着开发西域屯田、保护通往中亚的交通大道“丝绸之路”的作用。

汉长城首先还是为了防御匈奴。正当西汉初年，刘邦灭掉胡亥，以全部兵力消灭项羽的时候，匈奴头曼单于之子冒顿，杀掉其父并以突然袭击的方式，侵霸了友邻部落，不断南下占领了原来秦始皇时已有的土地，势力渐大。《史记·匈奴列

甘肃敦煌汉长城遗址　严欣强摄影

传》上记载：

冒顿大破东胡王，而虏其人民及畜产，既归，西击走月氏，南并楼烦、白羊河南王……与汉关故河南塞，至朝那、肤施，遂侵燕、代。是时汉兵与项羽相距，中国罢于兵革，以故冒顿得自强，控弦之士30余万。

冒顿乘此机会南侵，大举围攻马邑，甚至“引兵南逾句注，攻太原，至晋阳下”（见《史记·匈奴列传》），已经入侵到汉王朝的内部地区了。

汉高祖刘邦，对冒顿的入侵，进行了坚决的抗击。他亲自率兵32万“从晋阳连战，乘胜北逐，遂至平城”（见《汉书·高帝纪》）。但是，由于西汉刚刚建立，政权正在巩固，不能拿出更多的兵力来远逐匈奴，因此曾一度采取了与匈奴和亲的政策。然而就在和亲的几十年中，贪得无厌的匈奴奴隶主贵族也没有停止过对汉王朝的骚扰，“往往入盗于汉边，不可胜数”，“汉孝文帝十四年，匈奴单于十四万骑，入朝那、萧关，杀北地都尉印，虏人民畜产甚多”。（见《史记·匈奴列传》）

面对匈奴奴隶主这种掠扰，文帝、景帝时期即曾多次予以回击。如文帝后元六年（前158年）就以中大夫令免为车骑将军、苏意为将军、张武为将军，屯飞狐、句注、北地，坚守以备胡（见《汉书·文帝纪》），修缮了秦时所筑长城。从长安至长城沿线，设置了许多烽火台传递军情，加强了防务，有力地抗击了匈奴奴隶主的袭扰。之后，文、景二帝采纳了贾谊、晁错等人的意见，逐步平定了汉初分封诸王的叛乱和奴隶主残余势力的复辟活动，政权开始巩固下来。

汉武帝是一个继秦始皇统一之后，把封建专制国家进一步巩固下来的重要人物。他对掠夺成性的匈奴奴隶主，早有戒备并准备给以坚决的回击。在他即位的第七年元光元年（前134年）就派了"卫尉李广为骁骑将军屯云中，中尉程不识为车骑将军屯雁门"（见《汉书·武帝纪》）。但是，到了元朔年间，匈奴不断入辽西、上谷、渔阳杀掠吏民，武帝命卫青、霍去病统兵大破匈奴。为了有效地阻止匈奴奴隶主的突然袭击，除了抗击之外，必须要加强经常的防御工事。修筑长城以抗匈奴，是秦始皇时即已行之有效的办法。因此，在收复了被匈奴侵占的土地之后，首先是把秦始皇时所修长城加以修缮。《史记·匈奴列传》上记载，元朔二年（前127年），"汉遂取河南地、筑朔方，复缮故秦时蒙恬所为塞，因河为固"。这是武帝初期的情况。

汉武帝不仅修缮秦城，而且新筑长城。长城工程规模的宏大，更远出秦始皇长城之上。武帝主要建筑河西走廊的长城。《史记·大宛列传》："汉始筑令居以西，初置酒泉郡，以通西北国。"这是自元狩中开始从甘肃的永登（古令居）筑长城至酒泉。元狩二年（前121年），武帝令骠骑将军霍去病出陇西，击破匈奴，匈奴的昆邪王杀休屠王，并率4万人来降，武帝以河西地置武威、酒泉两郡。从那时开始了河西长城的建筑。

《史记·大宛列传》又记武帝元鼎六年（前111年）令从骠侯赵破奴破匈奴，"于是酒泉列亭障至玉门矣"。元鼎六年又完成了张掖、敦煌两郡的建置。太初四年（前101年）又从玉门以西，"列亭障至盐泽"（今新疆罗布泊），前后不到10年的时间，2000多里长的河西长城即告完成。"自敦煌至辽东一万一千五百余里，乘塞列燧。"（见汉武帝时赵充国《屯田奏》）

汉武帝更进一步发展和改进了长城的布局。建筑了许多亭障、列城，把长城内外的广大地区有机地构成一个防御工程体系。即在相隔一定的距离，择险要地形，修筑列城、城障，以烽燧相连。《汉书·武帝纪》上载，"太初元年（前104年）夏五月，遣因杅将军公孙敖筑塞外受降城"，"三年（前102年）夏，遣光禄勋徐自为筑五原塞外列城"。关于这些列城的位置，《汉书·地理志》"五原郡稒阳县"下注云：自"五原郡稒阳，北出石门障，得光禄城，又西得支就城，又西北得头曼城，又西北得虖河城，又西得宿虏城”。这些列城远出于黄河河套以北燕然山脉之下。一本唐代的地理书《括地志》上记载：“汉居延故城，有遮虏障。”从《汉书·李广传》上有“出遮虏障……从浞野侯赵破奴故道抵受降城休士”的记载，可知受降城也在今居延海以北很远的地方。

为了抗击匈奴的掠扰，发展西域诸属国的生产，保护通往西方的交通干道，武帝时又开始了从敦煌、楼兰以西列城、烽燧的修筑。

汉昭帝继武帝执行了抗击匈奴的路线，“元凤元年（前80年），匈奴发左右部二万骑为四队，并入边为寇；汉兵追之，斩首获虏九千人，生得瓯脱王，汉无所失亡”。于是匈奴“即西北远去，不敢南逐水草。发人民屯瓯脱”（见《资治通鉴》）。昭帝还修筑了东段长城；发民屯垦，于“元凤六年（前75年）春正月，募郡国徒筑辽东玄菟城”（见《汉书·昭帝纪》）。

汉宣帝继武帝、昭帝以后继续筑城屯戍，使西域诸属国生产得到进一步的发展。地节三年（前67年）派侍郎郑吉在渠犁筑城屯田，神爵二年（前60年）以郑吉为都护使西域骑都尉，设置西域都护府于乌垒城，以管理西域乌孙、大宛、康居、桃槐、疏勒、无雷等三十六属国，甘露元年（前53年）乌孙内部争夺王位，乌就屠自立为昆弥，宣帝特下诏书“立元贵靡为大昆弥，乌就屠为小昆弥……遣长罗侯将三校屯赤谷”（见《资治通鉴》）。这一事件在居延所发现的一根汉简中正好得到证明。简上的文字如下：

皇帝陛下，车骑将军下诏书曰：乌孙小昆弥乌……（以下应是就屠……）

以后西域属国发展为五十，“自译长至将相侯王，皆佩汉印绶，凡三百七十六人”。

自是西汉长城、亭障、列城、烽燧西起大宛贰师城、赤谷城，经龟兹、焉耆、车师、居延，沿着燕然山、胪朐河达于黑龙江北岸，构成了一道城堡相连、烽火相望的防线。

汉代的亭障、烽燧不仅沿着北方修筑，而且从首都长安到全国各重要地区都修筑了许多亭障、烽堠与之相连。如东汉初年即专门派杜茂、马成大量调用士卒，从西河（今山西离石）至渭桥（今陕西咸阳东）、河上（今陕西高陵）至安邑（今山西安邑）、太原至井陉、中山至邺（今河北临漳），各处都修筑起堡垒、烽火台，十里一堠，构成了一个坚固的防御工程体系。这一防御工程对于汉王朝的巩固，对于西、北领土和中原地区人民生产、生活的安全保障都起了积极的作用。“是时，汉边郡烽火候望精明，匈奴为边寇者少利”（见《汉书·匈奴传》）。是后，匈奴远遁，而漠南无王庭了。

这些汉代长城、亭障、烽堠、列城的遗址在我国新疆、甘肃、宁夏、内蒙古以及河北、山西等省区随处都可见到。

屯田，是发展生产积极备战政策的一个重要组成部分。它与长城的修筑密切相关。自秦始皇筑长城，设郡，徙民实边，已经开创了这一制度。汉承秦制，西汉诸帝也都大力推行筑城、屯田、徙民实边的政策。特别是汉武和昭、宣时期，采纳了桑弘羊、晁错、赵充国等人的建议，进一步发展了秦始皇徙民实边的政策，大力开展屯田。在长城、亭障防守地带以及荒壁地区，以守防士卒和移民共同开垦田地，兴修水利，进行耕作备战。武帝征和中，桑弘羊在《屯田奏》上说：“故轮台以东，捷枝、渠犁皆故国……臣愚以为可遣屯田卒，诣轮台以东……种五谷……益垦灌田，稍筑列亭连城而西，……严敕太守都尉，明烽火，选士马，谨斥候，蓄茭草。”

晁错更详细地分析了匈奴的扰掠特点，必须高筑城，深挖沟，加强防备，才能战而胜之。晁错说：胡人“往来转徙，时至时去，此胡人之生业，而中国之所以离南亩也。……陛下幸忧边境，遣将吏发卒以治塞，甚大惠也。然令远方之卒守塞，一岁而更，不知胡人之能，不如选常居者，家室田作，且以备之。以便为之高城深堑，具蔺石（即滚石），布渠答（铁蒺藜）……以陛下之时，徙民实边，使远方无屯戍之事”。“上从其言，募民徙塞下。”（见《汉书·晁错传》）

赵充国是武帝时几次远逐匈奴的大将，极力主张筑城备防，屯田以济费。在他所上的《屯田奏》上说：“便兵弩、饬斗具、烽火幸通，势及并力，以逸待劳，兵之力者也。臣愚以为屯田内有亡费之力，外有守御之备。……匈奴不可不备，乌桓不可不忧。”汉武帝两从其计，筑城设防和屯田的建议都采纳了。

昭帝进一步实现了桑弘羊的筑城、屯田政策。他即位的头半年“后元二年（前87年）冬，匈奴入朔方，杀略吏民”，于是立郡“发军屯西河”（见《汉书·昭帝纪》）。“始元二年（前85年）冬，发习战射士诣朔方，调故吏将屯田张掖郡。”“元凤元年（前80年）……发人民屯瓯脱。”（均见《汉书·昭帝纪》）

宣帝时期更发展了汉武以来的西域屯田，在西域诸属国的中部地区于神爵三年（前59年）设立了西域都护（都护府治乌垒城，遗址在今新疆轮台县境内），以管理当时五十属国的行政事务和屯田工作，于是西域屯田便大力发展起来。除鄯善、车师、轮台、渠犁等主要地点外，乌孙的赤谷城也是重要的屯田地区。在设都护以前武帝时这里已设置过使者校尉领护，并已有了城障、烽燧和防守官吏。在居延发现的汉简中有一条简上证明了这一事实：

元康四年（前62年）二月己未朔乙亥，使护鄯善以西校尉吉、付卫司马富昌、承庆、都尉寅重郎（见1959年中国科学院编《居延汉简甲编》释文第29页）。

另外还有一条竹简上记载了派一个有经验的官吏孝里大夫到居延屯田的事情。简上说：

诣居延为田，谨遣故吏孝里大夫□□□。

从以上的事实中，不难看出，筑城设防，屯田，移民实边，设郡置吏等是同时并行的发展生产和备战措施。下面的记载中，说明了四者之间不可分割的联系：

初置酒泉郡，后稍发徙民充实之，分置武威、张掖、敦煌，列四郡，据两关焉。……自敦煌西至盐泽，往往起亭。而轮台、渠犁皆有田卒数百人，置使者校尉领护。（见《汉书·西域传》）

由于西汉大力推行屯田的结果，西域诸属国逐渐发达起来，属国国王已受汉王朝正式加封，官秩和汉官一样。光武建武五年（29年）正式立莎车王康为“汉莎车建功怀德王、西域大都尉……十七年（41年）赐汉大将军印绶”。（见《汉

书·西域传》）

汉以后的各个朝代，对西域属国的管理更为加强。在敦煌附近发现的木简中有一条记载：

晋守侍中大都尉、奉晋大侯、亲晋王，鄯善、焉耆、龟兹、疏勒、于阗王写下诏书到。（见《流沙坠简补遗》第三、第四简）

从这一木简上可看出，西域属国国王已成为晋朝的武官，他们守戍着这一地区的长城亭障、烽燧，行使行政管理的职务。

秦、汉屯田为抗击匈奴，巩固防务提供了物质条件，曹操屯田，充实了曹魏的实力，为晋的统一全国打下了物质基础。以后各代除了军屯外，还有民屯。屯田对全国各荒僻地区的开发、生产的发展都起了积极的作用，追溯其源与万里长城的修筑是分不开的。

西汉（主要是武帝时期）所筑河西长城、亭障、列城、烽燧，有力地阻止匈奴的进犯，对发展西域诸属国的农牧业生产，促进社会的进步，特别是对打通与西方国家的交通，发展同欧亚各国的经济贸易、文化交流起了重大的作用。2000年前中国的丝织品即通过这条“丝绸之路”经康居、安息、叙利亚而达于地中海沿岸各国的，在国际市场上享有很高的声誉。这条“丝绸之路”从长安出发远及两万多里。在汉王朝管辖地区就有一万里以上。当时分作南北两路：南路从敦煌经楼兰（即鄯善，今若羌东北）、于阗（今和田）、莎车、疏勒（今喀什）、桃槐、贵山城（今哈萨克斯坦撒马尔罕）、贰师城（今哈萨克斯坦境内）而达大月氏（今哈萨克斯坦阿姆河流域中部）、安息（即波斯，今伊朗），再往西达于条支（今伊拉克）、大秦（即罗马帝国，今地中海东部一带）。北路从敦煌经车师前王延（今吐鲁番）、焉耆、龟兹（今库车）在疏勒（喀什）与南路相合。就在这条东起武威、居延（今额济那），西至疏勒（喀什）以西中国境内的万里古路上，2000多年前汉代修筑的长城、亭障、列城、烽燧的遗址，至今巍然耸立。从这些遗址及古墓葬之中，曾发现了自西汉以来的许多木简、丝帛文书、印章和丝织品。当时西方国家的毛织品、葡萄、瓜果等也沿着这条“丝绸之路”万里长途输入到长安和东南郡县。文化艺术通过这条大道也得到了交流。这条大道上的长城、亭障、列城、烽燧正是起到了保护这一条漫长的国际交通干道安全的作用。

南北朝至元代的长城

我国自古是一个多民族的国家，除汉族以外，在长期的封建社会中，有许多个少数民族的王朝统治着中国。从南北朝开始，统治中国北部地区的先后有北魏、东魏、西魏、北齐、北周，此外还有十六国的前凉、前燕、前秦等少数民族也统治着部分地区。以后的辽、金、元、清等朝代，统治的范围更大，元和清两代统治了全国。这些少数民族的统治者，当他们统治了在经济文化上比较发达、以农业生产为主的地区以后，为了防止其他少数民族的骚扰，也不断修筑长城。从南北朝到元这一时期的长城，大都是少数民族统治的王朝所修筑的。北魏、北齐和金代修筑长城的工程规模都不小。

北魏长城　北魏王朝统治了黄河流域北部的广大地区。北魏王朝的统治者原为鲜卑拓跋部，本来是以游牧骑射为生，但在统治了以农业生产为主的中原地区之后，进入了封建社会经济，国力一时强大。这时在王朝的北部有另一支强大的游牧民族柔然和东北部的契丹族，他们仍处于奴隶社会阶段，奴隶主贵族不时南下扰掠。因此，北魏仍然采用了秦汉时期防御匈奴的办法，修筑长城。据《魏书·明元帝纪》上记载：明元帝泰常八年（423年）筑长城于长川之南，起自赤城（今河北赤城县），西至五原（今内蒙古自治区五原县），延袤2000余里。又在太平真君七年（446年）发四州10万人，筑畿上塞围，起上谷，西至于河，广袤皆千里。即从现在北京居庸关，向南至灵丘，再向西经平型、北楼、雁门、宁武、偏头诸关而达山西河曲县。当时把这道长城称为畿上塞围，是因为它环绕于首都大同的南面，用它来保卫首都之意。

东魏长城　534年，高欢立元善见为魏孝静帝，孝武帝投奔宇文泰，从此北魏王朝分作东、西魏。东魏东迁于邺后，曾修筑长城，《资治通鉴》上载：东魏武定七年（549年），高欢筑长城于肆州北山，西自马陵（今山西静乐县），东至土墙（今山西崞县），40日而罢。其长度只有150里。因这时已是东魏王朝覆灭的前一年，已无力对长城进行较大的修筑了。

北齐长城　550年，高洋灭东魏，是为北齐，据有现今河北、河南、山西、山东等地的大片领土。它的北方有突厥、柔然、契丹等游牧民族的威胁，西边又有北周政权的对峙。为了防御，北齐便大筑长城。据《北史》记载，北齐天保三年（552年），自西河总秦戍（大同西北）筑长城，东至于渤海（今河北山海关）。天保六年（555年）皇帝下诏，征发180万人修筑长城，自幽州夏口（今北京居庸关南口），西至恒州（今大同）900余里。天统元年（565年）自库堆戍东距海2000余里间，凡有险要，堑山筑城，断谷起障。《北史》上记载，齐前后修筑长城东西凡3000余里，60里设一戍，并在险要地方设置州、镇凡25处，用以驻兵防守。并在天保八年（557年）初，于长城内筑重城，自库络拔（今大同西南）至坞纥戍（平型关东北），长400余里。天统元年（565年）又把坞纥戍的重城向东伸延至居庸关与外城相接合。

此外，为了防御北周，还修筑了南北向的长城，《资治通鉴》上记载，北齐河清二年（563年）诏司空斛律光，督步骑2万，筑勋掌城于轵关（今河南济源），仍筑长城200里，即今尤关、广昌、阜平之间的长城。

北周长城　557年北周灭掉西魏，据有河北、山西、山东等地。为了防御北方突厥、契丹等，把西魏原来的北部长城加以修缮。《北周书》上记载：后周静帝大象元年（579年），征发山东诸州人民修长城，自雁门关至碣石。不久北周亡，长城修筑工程不大。

隋长城　581年，隋文帝杨坚统一了南北，结束了自东汉末年以来400年间封建割据的局面，为了防御突厥、契丹、吐谷浑等也多次征发大批劳力修筑长城。根据历史记载共修长城7次。如《隋书》记载：开皇三年（583年）命崔仲方发丁3万于朔方，灵武筑长城，东至黄河，西拒绥州，南至勃出岭，绵亘700里。明年复令仲方发丁10万，于朔方以东，缘边险要，筑数十城以遏胡。大业三年（607年）发丁男百余万筑长城，西距榆林，东至紫河（在大同西北），二旬而罢。四年（608年）发丁20余万筑长城，自榆林谷而东。隋代对长城的修筑虽然次数很多，有时征发劳力也很大，但是所修筑大多是就原有内部长城加以修缮，没有多大增筑新修，较之秦、汉长城的工程，相差甚远。

唐、宋、辽时期，长城的修筑工程规模较小，唐、宋时期几乎处在停息阶段。其原因是唐代北方大破突厥，版图所辖远出大漠，设北庭、西域都护府管理西北广大地区，长城已经失去了作用。宋朝虽然统一了中原，但是北部又有辽、金的对峙，所辖范围已在原来秦、汉、北朝长城的南面，原来的长城已在辽、金境内，只是在宋初太平兴国四年（979年）命潘美、梁回在雁门、句注之间修筑了一些城堡用以警备辽的南进。为时不久宋王朝势力又退到长江以南，更谈不到长城的修筑了。辽代对长城工程也经营不多，据《宏简录·李俨传》上记载，清宁四年（1058年）在鸭子河与混同江之间修筑了一段长城，规模不大。

金代长城　1115年，我国东北一支女真族建立了金王朝，先后灭掉了辽和宋。它的西北与蒙古相界，为了防御，曾大筑长城，规模之大超过了秦汉以后至金的各代长城。据历史文献记载，金代长城有两道，一是明昌旧城，二是明昌新城。

明昌旧城过去曾被称为兀术长城或是金源边堡，在新城之北，据《黑龙江省志》记载："呼伦县北二十里，根河之南，有城东端起乌兰哈达之北，西行百三十里，沿海拉图山脉，迳博克多博克伦，北折而西，沿额尔古纳河岸，二百二十里，至煖水河而尽。"这段长城的位置，约在今黑龙江省兴安岭西北黑龙江沿岸，长达千里，即800年前金为防御蒙古而修筑的。

明昌新城也是为防御蒙古而筑，远在明昌旧城之内，又称之为金内长城、金濠堑、边堡等，西起静州（今黄河河套陕西），东达混同江畔（今黑龙江省松花江），经陕西、山西、河北、内蒙古、辽宁、黑龙江等省市，长达3000多里。

元代版图地跨欧亚，远出长城以北很远的地方，而且统治者本身原来就是长城以北的游牧民族，长城对他们来说，意义不大。但是为了防止汉族和其他各族人民的起义反抗，检查过往客商，也对许多关隘险处加以修缮，设兵把守。

明代万里长城

明朝在灭掉元朝以后，原来的统治者蒙古贵族逃回旧地，仍然不断南下骚扰掠夺。同时在东北又有女真的兴起，为了防御蒙古、女真等游牧民族贵族的扰掠，明代十分重视北方的防务。明太祖朱元璋原是一个农民起义的领袖，对于攻打城池曾经有过亲身的体会，当他已经取得天下的时候，为了巩固其统治，十分重视筑城设防的措施。原来，在朱元璋即将统一全国的时候，就采纳了休宁人朱升“高筑墙、广积粮、缓称王”的建议。高筑墙就是筑城设防备战之意。因此，明朝不仅对全国各州府县的城墙都修筑得十分坚固，全部用砖包砌，而且对长城的修筑工程更为浩大，在明朝的200多年中差不多一直没有停止过对长城的修筑和巩固长城的防务。明朝长城工程之大，自秦皇、汉武之后，没有一个朝代能够与之相比，工程技术也有了很大的改进，结构更加坚固，防御的作用也更大了。我们可以这样说，万里长城这项从春秋战国时期开始修筑，经秦始皇连成一气的伟大工程，到明朝才完成。

明朝的军事防御工程，不仅是长城，而且在东北、西北和东南沿海以及全国各地都设置了军事机构，修筑了城防、关

北京古北口明长城遗址　张俊摄影

隘。远出万里长城山海关以北3000多里的特林地区设立了奴儿干都司，行使军事和民政权力。远出嘉峪关西北数千里的哈密、沙洲、吐鲁番等地设立了卫所等军事和民政机构管理那里的军事和民政事务。这些城防、关隘、都司、卫所与万里长城同属明朝的防御工程体系。

明朝还在重要的关隘地方，特别是在当时的京城北京的北面居庸关、山海关、雁门关一带修筑了好几重城墙，多的达到20多重。并在长城南北设立了许多堡城、烟墩（烽火台）用来瞭望敌况，传递军情。正德年间（1506年—1521年）在宣府、大同一带修筑了烽堠3000多所。

戚继光任蓟镇总兵时又在山海关至居庸关长城线上修筑墩台1000多座。这些烽堠、墩台与长城南北的许多城防、关隘、都司、卫所等防御工程和军事机构共同构成一道城堡相连、烽火相望的万里防线。

由于朱元璋曾接受了朱升“高筑墙”的建议，在他正式建国号的第一年——洪武元年（1368年）就派大将军徐达修筑居庸关等处长城。洪武十四年（1381年），又修筑山海关等处长城，到万历二十八年（1600年）前后经过了200多年的时间才基本完成了万里长城的修筑工程。而个别一些城堡关城一直到明末还在修筑。这一东起鸭绿江，西达嘉峪关，全长1.46万多里的长城，其中从山海关到鸭绿江这一段长城，由于工程比较简单，毁坏较为严重。而从山海关到嘉峪关这一段工程较为坚固，保存较为完整。又有两个关城东西对峙，所以长期以来就被一般人误称为东起山海关、西到嘉峪关的万里长城了。

为了加强长城的防务和指挥调遣长城沿线的兵力，并经常修缮长城关隘工程，明代把长城沿线划分成9个防守区段，称之为“九边”，每边设镇守（总兵官），谓之“九边九镇”。“九边九镇”之外，为了加强京城的防务和保护帝陵（今明十三陵），于嘉靖三十年（1552年）又在北京的西北增设了昌镇和真保镇，共为11镇，构成了“九边十一镇”的防御体系布局。

十一镇总兵驻地、分别管辖的长城范围如下：

辽东镇　总兵驻广宁（今辽宁北镇）。管辖的长城东起丹东附近的鸭绿江畔，西至山海关，全长970余公里。

蓟镇　总兵驻三屯营（今河北迁西）。管辖的长城东起山海关，西至慕田峪（今北京怀柔区境），全长880余公里。

昌镇　总兵驻地昌平，是为了加强王朝首都和帝陵（今明十三陵）的防务而从原蓟镇中增设的。管辖的长城东起慕田峪，西至紫荆关，全长230公里。

真保镇　总兵驻地保定，是为了加强王朝首都的防务而增设的。管辖的长城北起紫荆关，南至故关，全长390公里。

宣府镇　总兵驻宣化。管辖的长城东起居庸关，西至西洋河（今山西大同东北），全长511余公里。

大同镇　总兵驻大同。管辖的长城东起镇口台（今山西天镇东北），西至鸦角山（今山西偏关东北），全长335公里。

太原镇　也称山西镇，总兵驻偏关。管辖的长城西起保德、河曲的黄河岸边，从偏关、老营堡、宁武关、雁门关、平型关、龙泉关、固关而达黄榆岭，全长800余公里。因为此镇在大同、宣府两镇长城之内，所以又把这一线长城称作内长城。此线长城多石墙，有的地方的石墙多达20多重。

延绥镇　也称榆林镇，总兵驻榆林。管辖的长城东起黄甫川（今陕西府谷境内），西至花马池（在今宁夏盐池县），全长885公里。

宁夏镇　总兵驻银川。管辖的长城东起大盐池（今宁夏盐池县境内），西至兰州，全长约1000公里。

固原镇　总兵驻固原。管辖的长城东起靖边与榆林镇长城相接，西至皋兰与甘肃镇长城相接，全长约500公里。

甘肃镇　总兵驻张掖。管辖的长城东起兰县（今兰州），西至嘉峪关祁连山下，全长约800公里。

以上“九边十一镇”的长城，长度共计约7300多公里，全线防守官兵共计97.66多万名。由于明长城各镇的管辖范围和官兵名额时有变化，以上统计只是一个时间内的数字。长城的长度也只是一些文献上的记载，除了相连贯的干线长城之外，还有一些个别段落，如湖南、贵州交界处，甘肃南部等地都分别修筑过数百公里的长城，加上重墙、关城等，实际的长度远不止此。就以北京地区的长城来说，原来只知是300多公里，最近以空中遥感方法调查，发现了更多的遗址，长度已达628公里，较之原来增加了一倍。其余地区的长城的长度，也可想而知了。

明长城的防御工事，分作镇城（镇守或总兵驻地）、路城、卫所城、关城、堡城、城墙、墙台、敌台、烟墩（烽火台）等不同的等级，不同形式和不同功能的建筑物，它们相互联系、相互配合，共同组成一个完整的防御工程体系。关城尤为要害。

明长城的关口很多，每镇所辖关口多至数百，十一镇长城的关口总计在1000以上。其中著名的也有数十座。自居庸关以西，明长城分南、北两线，到山西偏关附近的老营相合，被称为内、外长城或里、外长城。里长城从居庸关西南，经河北易县、涞源、阜平而进入山西的灵丘、浑源、应县、繁峙、神池而至老营。外长城即自居庸关西北经赤城、崇礼、张家口、万全、怀安而进入山西的天镇、阳高、大同，沿内蒙古、山西交界处达于偏关、河曲。此位于河北、北京、山西、内蒙古境内的明代内、外长城是明代首都北京的西北屏障，对于防御自西北来的威胁，保卫王朝的安全与蓟镇长城同样重要。因此，长城工程亦甚雄伟坚固。关隘险口也很多，著名的内、外三关即长城线上的6个重要关口。靠近当时首都北京的居庸关、倒马关、紫荆关是为“内三关”。自此往西的雁门关、宁武关、偏头关是为“外三关”。这内、外三关成了明王朝保卫京师和东南地区的重要险阻，经常派重兵把守。

贰　长城的用途和构造

要明了长城的构造，须先对长城的用途做一些了解。

在西周时期，城还只是单独的防御城，城与城中间没有城墙联系，不能称之为长城。公元前7世纪，楚筑列城，城与城之间并联以城墙，这才有了长城的出现。

城与城（关与关）之间联以城墙，这在防御功能上是一个很大的发展。在古代还只是用刀枪、剑戟、弓弩等兵器作战的时候，高大的城墙确是一种非常有力的障碍。再加上有军队把守，那就更难逾越了。纵或兵力强大可以强攻越过，也需要付出较大的代价和较长的时间。这时防守的一方就可以当敌人进攻的时候，争取时间，调集兵力，予以抗御。

自战国以后，长城为什么一直继续修建了1000多年？这主要是由于我国中原以农业生产为主的地区需要防止北方游牧民族统治者的入侵。农业生产需要安定，方能耕种收获，而游牧统治者则逐水草而居，飘忽无定。对于这些飘忽无定的游骑，如果派许多大部队追击，他就远走；当大兵退后，他又依然返回骚扰。如果没有城墙他们就可任意出入。所以秦皇、汉武以及以后历代中原地区的各个民族的统治者，想过许多办法，经过实践证明，修筑长城还是较好的办法。汉文帝时晁错有一篇关于修筑长城、烽燧以备胡（即匈奴）的议论说得很清楚。他说：

胡人食肉饮酪，衣皮毛，非有城郭田宅之归居，如飞鸟走兽于广野，美草甘水则止，草尽水竭则移。以是观之，往来转徙，时至时去，此胡人之生业，而中国之所以离南亩也。今使胡人数处转牧行猎于塞下，或当燕、代，或当上郡、北地、陇西，以候备塞之卒，卒少则入。陛下不救，则边民绝望而有降敌之心。救之，少发则不足；多发，远县才至，则胡又已去。聚而不罢，为费甚大；罢之，则胡复入。如此连年，则中国贫苦而民不安矣。陛下幸忧边境，遣将吏发卒以治塞，甚大惠也。然令远方之卒守塞，一岁而更，不知胡人之能；不如选常居者，家室田作，且以备之。以便为之高城深堑，具蔺石，布渠答，复为一城其内，城间百五十步。要害之处，通川之道，调立城邑，毋下千家，为中周虎落。……以陛下之时，徙民实边，使远方无屯戍之事。塞下之民，父子相保，亡系虏之

患。（见《汉书·晁错传》）

这一议论中，深入分析了胡人的飘忽无定与中原地区农业生产要求安定的矛盾。最好的办法还是高城深堑，发卒以治塞，修长城，立关险，设城邑，才能解决胡人的骚扰。

北魏时候，有一个叫高闾的人于太和十一年（487年）向孝文帝献策说：

北狄……所长者野战，所短者攻城。若以狄之所短夺其所长，则虽众不能成患，虽来不能内逼。又狄散居野泽，随逐水草，战则与家产并至，奔则与畜牧俱逃，不赍资粮而饮食足。是以古人伐北方，攘其侵掠而已。历代为边患者，良以倏忽无常故也。……今宜依故于六镇之北筑长城，以御北虏。虽有暂劳之勤，乃有永逸之益。如其一成，惠及百世。即于要害，往往开门，造小城于其侧。因地却敌，多有弓弩，狄来有城可守，其兵可捍。既不攻城，野掠无获，草尽则走，终必惩艾。（见《魏书·高闾列传》）

这一献策中也同样分析了北狄游牧统治者常常飘忽扰掠的特点，只能用修筑长城来防御。策中所说的在要害处开门、造小城，也就是指长城的关城、碉堡等建筑，是屯兵、储粮和指挥的据点。

明朝人魏焕所做的九镇长城考据文章上特别提出，“镇戍”最急需的是长城：

盖胡人以游牧为生，骑射为业，侵暴边境，出没无常，大举深入，动至数万。历代以来，屯兵戍守，寡则艰于应敌，多则困于转输。是故虏众易合，而势常强。我兵难聚，而势常弱。……是以论者谓御戎无上策，盖谓此耳。《易》曰：地险，山川丘陵也，王公设险，以守其国。御戎上策，其出此乎！然险而曰设，必因地势之险，而用人力修为之也。又曰以守者，盖守不可以无险，而险不可以无兵守也。……我国家驱逐胡元，混一寰宇，……山川联络，列镇屯兵……初设辽东、宣府、大同、延绥四镇，继设宁夏、甘肃、蓟州三镇，又以山西镇巡统驭偏头三关，陕西镇巡驭统固原，亦称二镇。

这里所说的就是明长城以列镇屯兵，分设九镇，作为军事管辖地区，分段防守长城的策略。

长城的用途主要有三点：

（一）防御扰掠，保护国家安全和人民生产生活的安定

这是长城的主要任务。春秋战国时期的长城，主要是为了诸侯国家的互相防御。秦始皇统一天下之后，长城主要是为了防御匈奴奴隶主的扰掠。以后许多朝代的长城，也大都是中原地区的统治者为防御游牧民族统治者的扰掠而修筑的。在这一功能上，长城确是起过不小的作用。许多王朝的前一阶段，政

权得以巩固，生产得以发展，与长城的保卫作用是分不开的。

（二）开发屯田、保护屯田和保护边远地区生产的发展

秦始皇时期在修筑长城的同时，也在长城沿线设十二郡，并且移民前往开发，进行农牧业生产。郡治所辖范围，不仅在长城内，也有远出长城以外的地区。秦始皇三十三年（前214年）在打退匈奴之后，“自榆中并河以东，属之阴山，以为三十四县，城河上为塞”。这些郡和县都是专门设置以开发经济并保证长城沿线的供应的。汉武帝时又大量发展了屯戍和屯田，有组织地发展农牧业生产。这种屯田和移民开发荒辟边远地区的措施，以后一直延续了下来。屯田和发展生产，都需要比较安定的生活。长城、烽燧便是保护屯田和开发这些地区最好的屏障，使飘忽无定的匈奴等游骑不得进行扰掠。

（三）保护通信和商旅往还

秦始皇时在北部地区都有宽大的直道和驰道，与首都咸阳相联系，沿着长城十二郡也有大道相通，传递交书，商旅往还络绎不绝。长城和烽燧正是保证这些交通大道畅通的重要条件。在汉代又打通了西域的交通大道，使节来往、商旅往还都是走这条大道。长城、烽燧正沿着这条大道修筑，用以保护被称作“丝绸之路”的中西交通大道。

由于长城的用途主要是为了防御和守望，因此它的布局和

构造都是为了这一目的而安排的。

首先谈谈长城的总的布局。长城绵延万里好像是一条线，然而它并不是一条孤立的线，而是一个防御网的体系。它首先起着阻挡敌人的作用，而且要与周围的防御工事、政权机构（郡、县等）密切联系，以至与统治中心——王朝的首都联系起来。长城线上的每一个小据点都通过层层军事与行政机构和中央政权机构相联系。

各个朝代长城的防御系统的名称有所不同，但其职能基本一样。以明长城为例：

长城的建筑与长城的军事防御体系布局是相适应的。明朝的长城军事防御体系为：第一，中央政权的军事机关兵部（或其他由皇帝设置的军机部门）奉皇帝之命掌管长城沿线及全国的军事。作战时由兵部尚书（相当于国防部部长）出任总督军务，或另派大臣总督军务。有时皇帝还亲自“出征”。这一机构当然即驻在首都城内，皇帝身边。第二，在长城沿线所设的军事管理区“镇”。《明史·兵制》上说：终明之世，长城的防御力量很大，“东起鸭绿，西抵嘉峪，绵亘万里，分地守御，初设辽东、宣府、大同、延绥四镇，继设宁夏、甘肃、蓟州三镇，而太原总兵治偏头，三边制府驻固原，亦称二镇”。一共9个镇。每镇设总兵（又称镇守），指挥本镇所辖长城沿线的兵马，平时守卫本镇长城，有警时受兵部或皇帝所派大臣的指挥，救援其他镇的防务。每镇的兵员在10万人左右，随着长城防守的需要时有增减。如明隆庆年间宣府镇额兵15.1452万名，大同镇额兵13.5778万名。九镇兵员共在100万人上下。镇的总兵所驻地点大多在长城沿线较大的城镇。第三，有些镇在总兵之下又按实际情况分设几“路”防守（明朝初年所设“驿”与“路”相差不远）。“路”的军事头目一般以守备任之，所驻地点大多在重要的关城地点。如明朝的山海关路，管辖附近十数处关隘，守备即驻在山海关城内。第四，关城和隘口。这是长城线上的重要据点，管辖附近一段长城的巡防，并支援相邻关隘的防务。重要的关口设守备把守，次要关口设千总把守。守备兵额无定员，根据文献记载：山海关、居庸关、嘉峪关守备所辖兵员均在数百人至千人之间。第五，堡或小城。这是长城防线上的基本单位。有沿长城排列的堡，还有长城内外纵深排列的堡。堡内有烽火设备，并驻有守兵，设百总或把总把守。守兵数目由数十人至百人左右不等，看地形而定。第六，烟墩或墩台。也叫作烽火台，是专门用来传递军情的，台上也有较少的守兵，敌人逼近时进行抗击。第七，敌台或敌楼。是跨建在长城城墙上的台子。上面可住人巡逻，眺望和打击来犯的敌人。视台大小可住守兵数人至二三十人不等。

以上七等长城防御系统的军事力量配置和长城建筑是互相配合的。彼此互相配合制约，联系成为一个有机的整体。现将长城建筑分述如下：

长城城墙　城墙是长城的主要建筑工程，它翻山越岭，穿沙漠、过草原、经绝壁，宛如一条巨龙，飞腾在我国辽阔的大地上。万里城墙把成百座雄关、隘口，成千上万座敌台、烟墩连成一气，成为一项古代建筑工程史上的奇观。历代长城的城墙建筑形式、建筑方法、建筑结构都不完全相同。就是同一个朝代的城墙也因地制宜，在建筑结构和形式上各具特点。今以现存比较完整的明长城为例。

北京居庸关——八达岭长城，是明长城中保存完整、建筑雄伟的一处。城墙平均高七八米，凡是山冈陡峭的地方，城墙就低一些，三五米即可，地势较平缓的地方，城墙就高一些。城墙内部比较低，城墙外部比较高，目的是为了更好地阻止敌人的来犯，充分体现了“因地形，用险制塞”的原则。城墙墙基平均约6.5米宽，顶部只有5.8米，断面上小下大呈梯形，使之稳定不易倒塌。在墙身里侧的一面，每隔不多远就有一个券门（用砖或石砌成圆形的拱门）。券门内有砖或石梯通到城墙顶上，守城士兵可由此上下。石砌的券门，其拱顶、门框、门槛大都是用石块事先在石塘内预制而成，运到现场安装，以便利施工和运输。城墙墙身用整齐的条石砌成，内部填满石块和灰土，非常坚实。

城墙墙顶，用三四层砖铺砌而成。面上一层用方砖铺砌，下面两三层用条砖铺砌。用纯白石灰砌缝，砌得十分平整严实，野草都很难生根滋长。十分陡峭的地方不便斜铺砖块，就是勉强铺成了，也不便于上下行走。于是，就砌成梯道，以便上下。墙面上宽约4.5米，可容五马并骑，十人排行并进。墙顶靠里的一面，用砖砌成高约一米多的宇墙（或叫女墙）。在靠外侧一面用砖砌成高约两米的垛口（即雉堞）。每个垛口的上部有一个小口叫作瞭望口，用来瞭望来犯的敌人。垛口的下部有一个小洞，叫作射眼，是用来射击敌人的。城墙墙面上还有排水沟，用来排除墙面上的雨水，以保护墙身。排水沟外有一个长长的石槽伸出墙外，叫吐水嘴，以防雨水冲刷墙身。

以上只是八达岭的长城城墙构造，其他各地长城城墙的形式和结构种类很多。据调查，在东北的辽东长城就有用版筑的夯土墙，利用自然地形在山脊上砌的石墙，用石块垒砌的石垛墙，利用险峻山岭、随山顺势人工劈凿的劈山墙，利用大山险阻作为障壁的山险墙，用柞木编制的木栅墙，用木板做的木板墙等七种。在嘉峪关还有利用山崖设立木榨的崖榨墙，还有利用地形挖成深沟放水灌满以代替城墙的边壕。玉门关汉长城则用红柳枝条与芦苇层层铺沙石的城墙。在《汉书》上记载还有一种虎落或疆落的城墙结构，是用竹篾编制的。就地取材，丰富多彩。

墙台、敌台　在长城城墙上，隔不多远就有一个突出墙外的台子，叫作墙台和敌台。墙台的台面与城墙顶部高低差不多，只是凸出一部分于墙外，外侧砌有垛口，这种突出城墙以外的墙台（也叫马面），在作战功能上起很大的作用。假如没有突出的墙台，在敌人逼近城下登城的时候，城上守兵就不便瞄准，也不便射击。有了突出的墙台，若遇敌人登城就可从侧面射击，使登城者受到城上和左右两方的射击。这种墙台是平时守城士卒巡逻放哨的地方。八达岭现在有些墙台还保存有房屋的基础，当时这里建有房屋叫作铺房，以为巡逻时遮风避雨之用。

敌台即骑墙的墩台，高出城墙之上，有两层、三层的。守城士卒可居住在里面，并储存武器、弹药以抗击来犯的敌人。这种骑墙敌台是明朝抗击倭寇的名将戚继光所创建。在他的一篇《练兵实纪》中对创建敌台的经过和修筑方法以及用途等都说得很清楚。他说先前的长城比较低薄，很容易倾圮。“间有砖石小台与墙各峙，势不相救。军士暴立暑雨霜雪之下，无所借庇。军火器具如临时起发，则运送不前；如收贮墙上，则无可藏处；敌势众大，乘高四射，守卒难立。一堵攻溃，相望奔走。大势突入，莫之能御。今建空心敌台，尽将通人马冲处堵塞。其制，高三四丈不等，周围阔十二丈，有十七八丈不等者。凡冲处（即险要处）数十步或一百步一台；缓处或百四五十步，或二百余步不等者为一台。两台相应，左右相救。”造台的方法：“下筑基与边墙平，外出一丈四五尺有余，内出五尺有余，中层空豁，四面箭窗，上层建楼橹，环以垛口，内卫战卒。下发火炮外击敌人。敌矢不能及，敌骑不敢近。每台百总一名，专管调度攻打。台头、副二名，专管台内军器辎重，两防主客军士三五十名不等……五台一把总，十台一千总，节节而制之。”

《明史·戚继光传》上也说，自从嘉靖以来，长城虽然已经修了，但是未建墩台。继光巡行塞上，议建敌台。略言“蓟镇边垣，延袤二千里，一瑕则百坚皆瑕，比来岁修岁圮，徒费无益。请跨墙为台，睥睨四达。台高五丈，虚中为三层，台宿百人，铠仗糗粮具备。令戍卒画地受工，先建千二百座”。现在从山海关到居庸关这一带的长城城墙上跨墙敌台，即从戚继光开始，陆续修建的。还有一种敌台称作战台，规模较大，储存武器也较多。上面文献所记能住百人的就是这种战台。

烽火台　也称作烽燧、烽堠、烽台、烟墩、墩台、狼烟台、亭、燧等等。汉代称作亭、燧，有时亭燧并称，唐宋称作烽台。明朝称作烟墩、墩台等。是利用烽火、烟气以传递军情的建筑。如遇有敌情，白天燃烟，夜间放火。烽火台的形式是一个独立的高台子，台子上有守望房屋和燃烟放火的设备，台子下面有士卒居住守卫的房屋和羊马圈、仓房等建筑。台子的建筑材料和结构与长城一样，有用土夯的，有用石块砌的，也有用砖石合砌的，等等。烽火台的位置大约有4种：一是在长城的两侧，紧靠长城。二是在长城以外向远处伸展的烽火台。三是在长城以内向王朝首都联系的烽火台。四是与相邻的郡县、关隘、军事辖区"镇"相联系的烽火台。每10里左右，选择易于互相瞭望的高岗、丘阜之上建立。

汉朝的烽火台在台子上竖立一个高架子，上面挂着一个笼子，笼子内装着干柴枯草，如果发现敌人来犯，夜间放火叫作"烽"。在台子上还堆放许多燃烟的柴草，白天燃烟，叫作"燧"，所以叫作烽燧。"烽燧"或"亭燧"的制度，除了文献记载外，自从在敦煌、居延的烽燧遗址中发现汉简之后，已经比较清楚了。

汉代竹简中说明烽燧建筑的有：

高四丈二尺，广丈六尺，积六百七十二尺，率人二百二十三尺。

二人削除亭东面，广丈四尺，高五丈二尺。

二人第一人□□□草涂内屋，广丈三尺五寸，积四百五尺，率人二百二尺五寸。

说明烽燧人数和任务的有：

二月，卒四人，其一人常候，其二人积薪十日，率日致□□□薪二里。

己酉，骑士十人，其一人候，人作百五十墼，其一人为养，八人作墼，凡墼千二百。

从这两简中看出烽燧人数有五六人和十多人。其中有燧长一人。戍卒平日的任务必须有一人守望（简中的候），其余做修建、收集柴草等工作，还拿出一人专做炊事工作。

关于报警方面的有：

扁书亭燧显处，令尽讽诵知之，精候望，即有烽火亭燧回度举毋必。亭燧□远，昼不见烟，夜不见火，士吏候长□相告，□燔薪以□□□。

望见虏一人以上入塞，燔一炷薪，举二烽，夜二炬火。见十人以上在塞北，燔举。如一人，须扬。望见虏五百人以上，若攻亭障，燔一炷薪，举二烽，夜三炬火。二十人以上燔举，五百人同品。虏守亭障燔举，昼举亭上烽，夜举离合火，次亭燧和燔举如品。

关于烽燧的设备的有：

长杆二。皮置菜草各一。母阁羊头石五百。布篷三。楼堞四。没荫二。木置□三。案垒二。枪四十。布表一。木椎二。大积薪三。弩长臂二。破篷一。小苣三百。鼓一。门戊二编一。药盅橐四。

具弩四皆破。艻马矢橐各一。芮薪木薪各二石。柱豆九。狗厅二。橐户堑三百。长椎四。瓦奠柳各二斗少。传二十。狗二。户上下合各一。长棓四。出火遂二具。沙马矢各二石。深目四。户关。贮水罂二。

从以上所举出土汉简二例中可以看出，一个烽燧的守备器物和生活用品是相当丰富的。

烽燧自秦汉以后即与长城密切结为一体，构成了长城防御系统的基层组织，相传1000多年，在我国古代军事史上占有重要地位。

我国历史文献上记载烽燧情况较详。如宋代曾公亮等《武经总要》所引唐朝的烽式制度，大要分为烽燧的设置、烽燧的组织、烽火的种类、放烽火的程序、放烽火的方法、烽火报警的规律、传警、密号、更番法等9类。这些烽式制度大都从汉代烽燧制度中相沿而下，并逐步加以丰富而成的。兹择主要的摘引如下：

唐法，凡边城候望，每三十里置一烽，须在山岭高峻处，若有山冈隔绝、地形不便，则不限里数。要在烽烽相望。若临边界，则烽火外周筑城障。

凡掌烽火，置帅一人，副一人。每烽置烽子九人，并取谨信有家口者充副帅。往来检校烽子五人，分更刻望视。一人掌牒符，并二年一代。

置烽之法，每烽别有土筒四口，筒间火台四具，台上插橛，拟安火炬，各相去二十五步，如山险地狭不及二十五步，但取应火分明，不须限远近。其烟筒各高一丈五尺。自半以下，四面各间一丈二尺。而上则渐锐狭。造筒先泥里，后泥表，使不漏烟。筒上着无底瓦盆盖之，勿令烟出。下有坞炉灶口，去地三尺，纵横各一尺五寸，着门开闭……每岁秋前，别采艾蒿茎叶，苇条草节，皆要相杂为放烟之薪。及置麻蕴、火钻、狼粪之属。所委积处以掘堑环之，防野烧延燎。近边者，亦量给弓弩。

凡白日放烟，夜则放火，先须看筒里至实不错。然后相应时将火炬就坞炉灶口里，焚爇成烟。出外应灭讫。别提五尺火炬安著土台橛上。烟相应时，一炉筒烟一人开闭。二筒烟二人开闭。三筒烟三人开闭。四筒烟四人开闭。若昼日阴晦雾起，望烟不见，原放之所即差脚力人速告前烽，雾开之处依式放烟。如有一烽承两道以上烽者，用骑一人拟告州县发驿，报烽来之处。若烽与驿相连者，即差驿马。

凡寇贼入境，马步兵五十人以上，不满五百人，放烽一炬。得蕃界事宜，又有烟尘，知欲南入，放烽两炬。若余寇贼则五百人以上不满三千人亦放两炬。蕃贼五百骑以上，不满千骑，审知南入，放烽三炬。若余寇贼三千骑以上，亦放三炬。若余蕃贼千人以上，不知头数，放烽四炬。若余寇贼一万人以上，亦放四炬。其放烽一炬者，至所管州、县、镇止。两炬以上者并至京。原放烟、火处州、县、镇即录状驰驿奏闻。若依式放烽至京讫贼回者，放烽一炬报平安。凡放烽告贼者，三应三灭，报平安者，两应两灭。

唐代杜佑《通典·拒守法》上也详细记载了烽火台的建筑结构情况：

烽台，于高山四顾险绝处置之。无山亦于孤回平地置。下筑羊马城，高下任便，常以三五为准。台高五丈，下阔二丈，上阔一丈。形圆，上建圆屋覆之，屋径阔一丈六尺。一面跳出三尺，以板为上复。下栈屋上置突灶三所。台下亦置三所并以石灰饰其表里，复置柴笼三所，流火绳三条。在台侧近上下，用屈膝梯上收下乘。屋四壁开觑贼孔。及安视火筒，置旗一口，鼓一面，弩两张，抛石、垒木、停水瓮、干粮、麻蕴、火钻、火箭、艾蒿、狼粪、牛粪。每晨及夜平安举一火，闻警因举二火，见烟尘举三火，见贼烧柴笼，每晨及夜平安火不来，即烽子为贼所捉。一烽六人，五人为烽子，递如更刻，观视动静。一人烽率，知文书符牒，转牒。

明代的烟墩燃烟放火制度大体相同，但又有所改进。除了放烽、烟之外，还加上放炮，点火放烟时还加上硫黄、硝石等助燃。明成化二年（1466年）的法令规定：

令边候举放烽炮，若见敌一二人至百余人举放一烽一炮，五百人二烽二炮，千人以上三烽三炮，五千以上四烽四炮，万人以上五烽五炮。

这样，增加了炮声和助燃之后，传递军情便更加快速和准确了。

由于传递军情的重要性，所以历代对烽燧的管理十分严格。烽子、燧卒均不得擅离职守，贻误军情。如在敦煌汉简中就有一简上说明戍卒不得离开燧亭的情况，否则将要受到重罚。简文是：

玉门关次行

永和二年五月戊申朔二十九日，吊猛候长异叩头死罪敢言之。官录曰：今朝宜秋卒胡孙官□□□吊猛卒冯□之东部责。边塞卒，不得离去亭尺寸。□□卒有不□负守当所□

明成化二年法令中也有规定：“合设烟墩，并看守堠夫，务必时加提调整点，须要广积秆草，昼夜轮流看望，遇有警急，昼则举烟，夜则举火，接递通报，毋致损坏，有误军情声息。”由于“传报得宜克敌者，准奇功。违者处以军法”。

城、堡、障、堠　我们在古代文献中，经常看见与长城相联系的建筑，如城、堡、障、堠等等，有时也“城障”或“城堠”并称。这些防御建筑物大都建筑在长城内外，有的沿着长城，也有的离开长城很远的地方。它们与烽燧、烟墩、烽台等不同之处是用以住兵卒防守的，而不是专为传递军情的。这里所说的城，是指与长城关联的防御性城，非为州、郡、县城。在河北省围场县境内秦汉长城遗址旁边，发现了与长城紧密相连的小城，城的面积不大，城与城之间相距数十里不等。也有在长城内外纵深方向发展的小城。障，也是一种小城。一些古代文献上说是山中小城，《汉书·武帝纪》注上引颜师古解释说：“汉制，每塞要处，别筑为城，置人镇守，谓之候城，此即障也。”障字的本义是障碍、遮隔，城障即设置小城用以阻挡敌人来犯的建筑物。障与城的区别是“城”的大小不一，城内有居民，居民数目也不一致。而“障”只住官兵，不住居民，障的尺度差别不大，形式也较划一。也有城和障结合在一起的，既住官兵，又住居民。城障与烽火台有所区别，城障主要是驻兵防守，烽燧（亭燧）则专司烽烟，传递军情。但是，亭和障（也即烽燧和城障）有着不可分离的密切关系。一为通信，一为驻防，互相配合。历史文献上也曾经有“列亭、障至玉门”“行坏光禄诸亭障”等记载。在内蒙古巴音诺洛、苏亥、阿尔乎热、沃博尔呼热发现的4座“障城”的遗址，大小相似，形制相同，均为每边周长450米的正方形，只有一面开门，在障城的四角还筑有斜出的墙台（马面）。其中阿尔乎热障城城门筑有瓮城，四周还有护城河。

“堠”也即候，又称作“斥候”，《淮南子》上说：“斥，度也；候，视也、望也”，是一种用来守望的建筑。它们与亭（烽火台）有密切的关系，所以往往有“亭候”并称的。根据历史文献记载，候是用来瞭望报信的岗哨，建筑较简易，与烽燧配合使用。《后汉书·光武帝纪》上有“筑亭候，修烽燧”的记载。

明朝的“堡”城与汉代的城障差不多，也是用来驻防的，堡往往有城墙围绕，也称作城堡。堡也有住居民的。有些堡内也有烽火台，把驻防与通信结合起来。在长城沿线常有“五里一墩、十里一堡”的说法。墩即烟墩。明长城沿线的城多与关、口相结合。还有特殊设计的城，如山海关外二里欢喜岭上的威远城，现已残坏。但据县志记载，此城建筑特殊，城高三丈，下甃以石，四隅起台垛……四面城墙上下起大小砖洞二十一，大洞广八尺、小洞广五尺、高皆丈。城门外有小月城，面西为门，高丈余。其月城之东南隅，旧时各有砖洞，以内俱设睥睨。周城百步，外为垒三重。相传此城为吴三桂所建，既以瞭望，又可屯兵，与城中为犄角之势，下有隧道通其署。在威远城的前面五里有八里堡，堡内烟墩现还保存。

关、塞、隘、口　我们在古代文献记载和诗词描述中经常可以看到有“关山”“关河”“关津”等。关总是与山、河、海等自然形势相结合。有时把塞、隘、口并称为“关塞”“关隘”“关口”。可知关、塞、隘、口之间的密切联系。“关”，这一字原来指的是门上的闩，用来关闭门户之物，也作关闭讲。“塞”，是堵塞之物。“隘”，是狭窄之处。“口”，是出入的通路。有时称作“隘口”，意思是狭窄的通道。古时我国各地都有许多关、塞、隘、口，各个诸侯国家以及各个地方政权或是割据势力把它们作为防御的要地。

长城的关、塞、隘、口非常之多，是长城防守的重点，也是平时出入长城的要道。《淮南子》上说，“天下九塞，居庸居其一”。可见塞是不少的。凡是险要地带，敌人经常入侵的地方，都要筑城、设险以堵塞其进入，所以称作塞。塞比城的范围还要大些。如秦始皇“西北斥逐匈奴，自榆中并河以东，属之阴山，以为三十四县，城河上为塞”就是在黄河岸筑城以为防御，这里的城不是单独的一个城而是指一系列的城及长城。又如今天内蒙古自治区潮格旗的石兰计山口，据文献记载和实际调查，即高阙的所在，是赵长城和秦长城的重要关塞。石兰计山口位于狼山山脉的中段，山口两旁各有一高峰对峙，远远望去好像一座阙门。两峰如双阙高耸云端。双峰时时为云遮没。在《水经注》上描述说：“长城之际，连山刺天，其山中断。两岸双阙，善能云举，望若阙焉。即状表目，故有高阙之名也。”山谷长六七公里，山口较狭，在其北口有长城和烽燧遗址，南口也有烽燧遗址。这与居庸关关沟的设险情况相同。即以隘谷通道立关置塞，在隘谷外侧（北口）筑长城，里侧南口设烽燧关城。这正是长城关塞布局的一般原则。

叁　长城是怎样修建的

当我们登上居庸关、八达岭、山海关城楼或是其他长城关隘，看见那宛如长龙奔驰在崇山峻岭之间的长城的时候，一种惊叹赞赏之情不禁油然而生。这使我们马上想到，这样伟大艰巨的工程，古代劳动人民不知付出了多少辛勤的劳动，流了多少血汗！

要修筑万里长城这样规模宏大而又艰巨的工程，在劳动力的调配、材料来源、规划设计和施工等方面都是相当庞大复杂的。首先谈一下劳动力的问题。

在秦始皇以前各诸侯国家修筑长城也都以军队为主要劳力，《竹书纪年》上即有梁惠成王十二年（前358年）龙贾帅师筑长城于西边的记载。

修筑长城的人力来源，大约有如下几方面：第一是戍防的军队，这是修筑长城的主要力量。如秦始皇时修筑长城，就是大将军蒙恬在打退匈奴之后，以30万大军（《史记》上记载为30万，《淮南子》上记载为50万）戍防并修筑的。它经过了9年多的时间才修成。第二是强迫征调的民夫，这是修筑长城的重要力量。秦始皇时除所派蒙恬率领的几十万军队之外，还强征了大量的民夫，约有50万。各个朝代修筑长城都大量强征民夫，历史文献上已有不少记载。如北魏太平真君七年（446年），修筑首都平城（今大同）南面的“畿上塞围”，即征发四州10万人。北齐天保六年（555年），皇帝下诏，征发180万人修筑从幽州夏口（居庸关南口）至恒州（大同）900多里的长城。隋开皇三年（583年）发丁男3万修筑朔方、灵武长城，四年（584年）又发丁15万修筑沿长城的城堡数十座。大业三年（607年）发丁男百余万筑长城，四年（608年）又发丁20万筑长城。由于丁男人口已经征发殆尽，最后连寡妇也被强征去修筑长城了。第三是发配充军的犯人，在秦汉时候，专门有一种刑罚叫作“城旦”，就是罚去修长城的人。据《史记·秦始皇本纪》上记载，公元前213年，秦始皇采纳了丞相李斯的主张，下令除《秦记》、医药、种树等类书籍之外，民间所藏诗、书一律都要焚毁。“令下三十日不烧，黥为城旦”，凡抗拒不烧书的，就在你面上刺字涂墨后罚去修长城。城旦所罚，据《史记集解》引如淳曰：“《律说》：‘论决为髡钳，输边筑长城，昼日伺寇虏，暮夜筑长城。’城旦，四岁也。”就是说如果把你判为城旦之罪，剃了头，颈上加上铁圈，送去修筑长城。白天还要轮流看守巡逻，夜间则修筑长城，是十分辛苦的。这种刑罚为期4年。第四，历代统治者为了征调修筑长城的劳力，还巧立了许多名目，强迫人民去修筑长城。

2000多年来我国古代劳动人民在完成万里长城这一伟大工程的时候，发挥了高度的聪明才智，不仅在规划设计上“因地形，用险制塞”，完成了设防的需要，而且在施工管理、材料供应、施工方法等方面都有着重大的发明创造，克服各种困难，完成了艰巨的任务。

长城经行的地理情况千变万化，高山峻岭、大河深谷、沙漠草原、戈壁滩石等都有长城穿越。因此，在修筑长城的时候，劳动工匠和军事家们，在实践的基础上，利用自然地形，在险要处修筑城墙、关隘和烽燧、烟墩、城堡等建筑物，用以阻击来犯者达到防御的目的。

“因地形，用险制塞”这一条宝贵的经验是劳动人民从实践中创造的，秦始皇时已经把它肯定了下来。以后每一个朝代修筑长城时都是遵循着这一原则的。试想假如不利用高山险阻修筑城墙，那将花费多出许多倍的人力与材料。如果不利用大河深谷作为屏障，而硬是平地筑墙，所费人力、物力更无法计算。我们从现在长城的遗址调查中可以看出，万里长城是利用地形条件来修筑的，凡是修筑关隘的地方不是两山之间的狭口就是河谷汇合转折之处，或是平川往来必经之道。这样既能控制险要，又可节约人力与材料。修筑烽火台、堡子等更是仔细选择地形，因地制宜而建。如唐杜佑《通典》上说："烽台，于高山四顾险绝处置之，无山亦于孤回平地置"，说明修建烽台应在高山之上，或孤旷的地方，四面都便于观看得到。宋曾公亮等《武经总要》上也记载"每三十里置一烽，须在山岭高峻处"，也是利用地形便于观望的意思。假如有山冈隔绝，地形不便的，就不能死限30里一烽，而要根据实际情况而定。但是一定要使烽火互相能够看到，才能达到传递军情及时援救的目的。这不仅说明要利用地形，还说明了不要按死框框，要按实际情况而定的灵活性。至于修筑城墙利用地形，处处都是。如居庸关、八达岭的城墙都是沿着山脊的脊背修筑，因为山脊本身就好似一道大墙，再在山脊上修筑城墙就更加险峻了。而且在修筑时更注意到利用山脊的崖壁来修筑城墙，有的地段从外侧看去长城非常陡险，但里侧却较平缓，因外侧是御敌而内侧则是防守士卒上下的。有的山脊外侧悬崖巨石本身即可防御，长城修到这种地方即利用原来的悬崖巨石或陡坎险坡稍加修筑平整即成险阻。汉元帝时的郎中侯应说："或因山岩石，木柴僵落，溪谷水门，稍稍平之。”还有十分高峻的悬崖，长城到此也就中断，因为像这样的悬崖是不可能上人的，用不着修城墙了。利用大江大河、深谷作为天然屏障与人工长城配合使用的例子还很多，总之使它能够达到防御的目的就可以了。

长城修筑工程的施工管理是一项十分复杂的工作。由于长城绵延万里，工地很长，施工管理更为复杂。当时所采取的办法是与防守任务相统一，即采用分区、分片、分段包干的办法。如汉朝河西四郡（武威、张掖、酒泉、敦煌）的长城就是由四郡的郡守负责各自的境内长城的修筑，郡再把任务分到各段、各防守据点的戍卒身上去。当然大的工程和关城的修筑则要由郡守调集力量去修。中央政权也从全国各地征调军队和募集劳力到重点地区去修筑。明朝的时候，沿长城设11个重要的军事辖区“镇”来管辖长城，同时也担任所辖区内长城的修筑和维护。如山海关外辽东镇长城即由提督辽东军务王翱、指挥佥事毕恭、辽阳副总兵韩斌、都指挥使周俊义以及张学颜、李成梁等人在任辽东镇军事首领时相继修筑而成的。从山海关到居庸关的长城沿线的上千座敌台是戚继光任蓟镇总兵时相继修筑的。至于分到长城的一段或一处烽台、烟墩，也多用包干修筑的办法。

在八达岭长城上，发现了一块记载明万历十年（1582年）修筑长城的石碑。从这块石碑中我们可以看出当时修筑长城的人力主要是利用军队的力量，用分段包修的方法来施工的。

碑文如下：

钦差山东都司军政佥书，轮领秋防左营官军都督指挥佥事寿春陆文元，奉文分修居庸关路石佛寺地方边墙，东接右骑营工起，长柒拾五丈二尺，内石券门一座。督率本营官军修完，遵将管工官员花名竖石以垂永久。

管工官：

中军代管左部千总济南卫指挥　刘有本

右部千总青州左卫指挥　刘光前

中部千总济南卫指挥　宗继光

官粮把总肥城卫所千户　张延胤

管各项窑厂、石场办料署把总：赵从善、刘彦志、宋典、卞迎春、赵光焕。

万历拾年拾月□日鼎建

从这块石碑中我们可以看出这一段包修工程用了几千名官军，加上许多民夫才包修了七十多丈（约合200米）城墙和一个石券门，可以想见工程的艰巨。这一批包修工程的官兵是从山东济南卫、青州卫、肥城千户所等处调来。

关于修筑长城的建筑材料，在没有大量用砖以前，主要是土、石和木料、瓦件等。需用的土、石量很大，一般都就地取材。在高山峻岭，就在山上开取石料，用石块砌筑。在平原黄土地带即就地取土，用土夯筑。在沙漠地区还采用了芦苇或红柳枝条层层铺砂的办法来修筑，如今天还保存的新疆罗布泊与甘肃玉门关一带的汉长城就是这样修筑的。修筑的方法是铺一层芦苇或红柳枝条，上面铺一层沙石，沙石之上再铺一层芦苇或红柳枝条。这样层层铺筑，一直铺砌到五六米的高度，芦苇或柳枝的厚度5厘米左右，沙石的厚度20厘米左右。若修5米高的城墙就要铺20层左右的芦苇或柳枝和沙石。东北的辽东长城还有用编柞木为墙、木板为墙的。这充分说明了我国古代劳动人民采用因地制宜、就地取材的办法修筑长城。

明朝的长城在许多重要的地段采用了砖石垒砌城墙，所用的建筑材料更多了。除了土、石、木料之外，还需用大量的砖和石灰。这些建筑材料也都采用就地取材的办法。砖瓦都是采取就地开窑厂烧制，石灰也就地采石烧制。修筑关城和堡子、敌台房屋用的木料也就近采伐。如果近处没有可供采伐的林木，就要从远处采运。在每一段分包修筑的施工组织中还专门设置了办料的部门和窑厂、石场。如在居庸关、八达岭发现的石碑上就记载有各项窑厂和石场办料部门的名称。而且这些部门的人员为数甚大。可以看出当时修筑长城备办建筑材料的任务是很重的。

修筑长城的施工更为艰巨。旧时的长城沿线，不是高山深谷，就是沙漠草原，又没有先进的施工机具和运输工具，施工之难可想而知。如我们今天在居庸关、八达岭上所见到的长城，砌墙用的条石有的长达3米，重2000多斤。而长城随着险峻的山脊修筑，坡度十分陡峭，游人徒手上城还感到十分吃力，当时修筑的人们要把2000多斤的大条石和一块就有数十斤重的大城砖以及大量的石灰运上山去，其困难可想而知。

砌筑城墙墙身的条石首先要“找平”，即层层条石，每层都要平砌，不能紊乱。这样才能使受压面的压力均布，不致产生塌陷。我们在居庸关、八达岭上所见到的长城，只见长龙起伏于山岭之间，但是每层墙身的条石都是平行的。其次要“顺势”，就是说城墙要顺着山岭起伏弯曲的形势，这样利用山脊做基础，使之坚固，而且也便于防御。

城墙先砌两帮，即把基础打好之后，划出外线，把条石层层上砌。然后层层填厢，砌到规定的高度之后便铺砖砌垛口。城墙墙面和砖砌垛口有两种砌砖方法，一种是斜砌，一种是梯状平砌。一般在坡度不十分大的墙面可用斜砌，如果超过45度的坡度，就分成梯道平砌。在山海关外有一段长城墙面做双重梯级的砌法，解决了非常陡峭的修筑问题。其砌法是把墙面分作许多大梯，有的高一米，有的高达两三米。在大梯之内又砌小梯级供人上登。

运输是修筑长城施工中的重要问题。把大量的土方、石灰、大条石、大城砖运上山去，修筑工匠们想出了许多办法。

根据记载和传说，搬运建筑材料上山的方法大约有以下几种：

（一）人力搬运

这种方法是最原始的方法，用人背、肩扛、筐挑、杠子抬等方法把大量的城砖、石灰、石块搬运到山岭上去。当时的人们还采用了传递的方法，把人排成长队，从山脚下或已修好的一部分城墙上排到山脊上，依次把城砖和小石块一块块传递上去，把石灰一筐筐、一挑挑传递上去。这种传递运输的优点是减少来回跑路。特别是山路狭窄，可以减少来回的人互相碰撞，提高运输的效率。

（二）简单机具运输

除了人力的运送之外，当时已经利用了简单的机具，如手推小车，这是用在比较平缓的山坡之上。修筑关城和堡子等平地建筑时就更多地利用推车。在运送上千斤的大石上山时还采用了滚木和撬棍，并且在山上安置绞盘把巨大石块绞上山脊去。在跨过深沟狭谷运送砖瓦和石灰时，还采用了“飞筐走索”的办法，即把砖瓦、石灰装在筐内从两岸拉固的绳索上滑溜过去，大大地节约了劳力。

（三）利用动物运输

传说在八达岭高山之上修筑长城的时候，曾经利用过善于爬山的动物——山羊和毛驴，把筐内盛满了石灰跨在毛驴背上把毛驴赶上山去；在山羊角上系了城砖把山羊哄上山去代替人力运输。总之想尽了一切办法，利用一切条件来修筑长城。

但是大量的运输和修筑工作都靠笨重的人力来完成。在封建统治阶级层层压迫之下，为了修筑长城，不知丧失了多少劳动人民的生命。1000多年来不少诗人用诗词、歌谣等形式，揭示了劳动人民对奴役筑城的愤怨。汉朝陈琳的《饮马长城窟行》诗中写道："生男慎莫举，生女哺用脯。君独不见长城下，死人骸骨相撑拄。"唐朝贯休的《杞梁妻》诗中："秦之无道兮四海枯，筑长城兮遮北胡。筑人筑土一万里，杞梁贞妇啼呜呜。上无父兮中无夫，下无子兮孤复孤。一号城崩塞色苦，再号杞梁骨出土。"明朝尹耕的《修边谣》写道："去年修边君莫喜，血作边墙墙下水。今年修边君莫忧，石作边墙墙上头。边墙上头多冻雀，侵晓霜明星渐落。人生谁不念妻孥，畏此营门双画角。"这些诗词、歌谣所反映的正是劳动人民反抗控诉的一个方面。

长城上的一砖一瓦、一土一石都浸透了古代劳动人民的血汗。同时，从长城这一雄伟工程来看，它充分表现了我国古代建筑工程的高度成就，表现了我国古代劳动人民的聪明才智。

肆　长城的几处遗址

万里长城现在虽然已经失去了它原来的作用，但是，作为我国古代劳动人民创造的一项伟大工程来说，它是永远值得我们珍视的一份历史文化遗产。1961年，国务院已将山海关、居庸关、八达岭、嘉峪关等处的重要长城地段公布为全国重点文物保护单位。并且已经逐年加以维修，整理开放，供国内外游人参观游览。其他散存在各省市的各时代的长城遗址也都在政府保护之列。1987年，联合国教科文组织又把长城列入了世界遗产名录，长城成了全人类共同的财富。

现将几处重要的长城遗址简单介绍于下：

虎山长城

虎山长城是明长城东端的起点，位于辽宁省丹东市宽甸满族自治县虎山乡，因长城坐落在虎山村的虎头山而得名。

虎山是突起于鸭绿江与瑷河交汇处的一座孤山，在明代称马耳山，因两个并排高耸山峰，状似两只竖立的虎耳，亦称虎耳山，至清代演化为今日的虎山。虎山因山势陡峭阻断东西交通，南控鸭绿江水路，所以极具战略地位，历来为兵家必争之地，长城选址于此，确有重要的军事意义。

明朝时，长城称作边墙，所以，辽东镇境内的长城也称“辽东边墙”，它是为防御北方蒙古残余势力和女真人各部侵扰，保护东北边地安全而修筑的。虎山长城始建于明成化五年（1469年），是由当时的辽东副总兵韩斌督建的，隶属九镇中的辽东镇。虎山长城的主要作用，就是为防御建州女真人的侵扰，其军事设施，主要包括长城墙体、墙台、敌台、马面、烽火台、护城河、拦马墙等，这些设施构成了一道较为完备的防御体系。

明王朝覆亡后，满族入主中原，他们有意掩盖明代在东北境内修建长城的历史，将明长城的东端起点说成山海关，因而，作为明长城东端起点的虎山长城长期被湮没，它的具体定位，一直没有确定下来。新中国成立后，各级文物工作者一直在寻找这个“东起鸭绿”的长城东端起点。20世纪80年代初，丹东市文物部门在文物普查中发现，虎山南北有连绵不断的长城墙体和墙基，初步提出“万里长城绵延丹东”的论点。1990年经国家文物局批准，辽宁省文物部门对辽东、辽西的30多处有关地点进行考察，最后发现这里有明长城遗存墙体近600延长米，台三座，有护城坡、拦马墙、烽火台、山险墙、军营等遗址。特别是在山险墙坡上，还有脚登窝、登山绳的穿孔，在虎山村北侧栗子园村的山顶洞中还有石刻棋盘、文字等，同时还发现了大量的明代砖瓦、陶瓷碎片、铁刀、明代军士用的背壶等。这些发现对证实虎山长城为明长城东端起点提供了更有力的证据，随后，新华社就这一重大发现发出电讯，宣布明长城东端起点在辽宁丹东鸭绿江畔的虎山。

1992年，《虎山长城修复设计方案》通过，本着“修旧如旧”和“四原”原则，修复后的长城走势和各个敌楼、墙台、烽火台的位置都是与文物考古发现的原址相吻合的，基本上再现了历史上虎山长城的雄姿。虎山长城现已修复1250延长米，包括过街城楼、敌楼、站台、马面等12座及烽火台一座。城墙高8米、底宽5米，城墙上马道宽4米，垛口宽0.5米。明辽东长城的修筑形式，主要有夯土墙、劈山墙、山险墙、石墙、砖墙、砖石墙、木栅墙、边壕等多种。修复后的虎山长城以砖石结构为主，长城墙体马道以下部分为自然石块砌筑，垛口墙及马道以青砖为主。虎山北麓按照考古发现恢复了山险墙，其中以砌石为主的长城墙体是虎山长城的显著特点。

虎山长城地处中朝边境，登临虎山长城，不仅能领略到长城文化，还可以饱览异国风光。以介绍各个朝代长城防御功能为主的虎山长城历史博物馆，也于2003年5月开放，这是在继嘉峪关、八达岭、山海关之后的又一处长城历史博物馆。

在辽东长城上，还有被称为“明代万里长城东头第一关”的镇朔关。镇朔关位于凤城市爱阳镇爱阳城村东的岭上，建于明成化五年（1469年），现存有遗址，就在清柳条边叆阳门附近，已为清代建柳条边所破坏。据《全辽志》卷二“山川·关梁”条记载：“镇朔关，叆阳城北三里。”其建筑结构和居庸关、嘉峪关等相同，是当之无愧的辽东长城第一关。

山　海　关

山海关在河北省北部秦皇岛市的东北，处于渤海湾的尽头。依山临海，形势险要，是明代万里长城东部的一个重要关口，历来为兵家所争之战略要地。过去曾有人用“两京锁钥无双地，万里长城第一关”的诗句来描写关城的险要。

山海关有悠久的历史。据历史文献记载，这里商代属孤竹，周属燕，秦时属辽西郡，所辖14县中有临渝县，汉代属卢绾，后属阳乐。建安十年（205年）曹操置卢龙郡，晋属营邱郡，北魏属乐浪郡，隋属北平郡。《隋书·地理志》上说，隋炀帝大业十年（614年）置北平郡，有长城，有关官，有临渝官。唐代属临渝县，武后万岁通天二年（697年）更名石城县，有临渝关，一名临闾关，有大海关，有碣石山，有温昌镇，辽代为迁民县。《资治通鉴》上记载，幽州北700里有渝关，下有渝水通海。金、元两代这里均属迁民镇。明洪武十四年（1381年）魏国公徐达创建关城，设立卫所之后始名为山海关。清乾隆二年（1737年）在这里设置了临渝县，山海关便成了临渝的县城。

由于山海关的形势险要，自古为兵家必争之地，历史上在这里进行过多次战争。明朝末年李自成率领的农民起义军和山海关的总兵吴三桂官兵激战于石河西岸。崇祯十七年（1644年）四月二十一日起义军以数千骑兵突破了西北防线，进逼山海关西罗城下，二十二日又有山海关北翼城的一支明朝官兵起义，山海关城马上即可攻下。但是吴三桂出卖了明王朝，投降清军，出关迎接清军首领多尔衮入关。于是明军与清军两军合战，左右进攻，与李自成起义军大战于石河西岸的红瓦店一带，义军战斗非常英勇，但是由于寡不敌众，只好撤退。于是这个山海雄关的大门洞开，清军大批进关驰入中原，不久明王朝即告灭亡，清朝代替了明朝的统治。

清朝末年，帝国主义侵略军也侵入了山海关、秦皇岛、北戴河一带。光绪二十六年（1900年）八国联军侵入山海关，直到第二次世界大战时才撤走。

1922年夏，直、奉军阀大战于石河西岸，1924年秋再战于山海关外的关家坟、威远城、姜女庙一带。1933年日本帝国主义侵占东北后，占领了山海关，把它变为东北伪政权“满洲国”的门户和入侵华北的阵地。

1945年日本帝国主义投降，山海关曾一度解放。受到美帝国主义支持的国民党，从秦皇岛登陆向东北解放区进犯，在石河西岸与我军大战，我军一部分战士壮烈牺牲。现在山海关外欢喜岭上的烈士陵园就是为了纪念这次战役中的烈士们而建立的。

新中国成立前，山海关是一个古老的消费城市，日伪占领时期，把东北划为“满洲国”，过往旅客必须在此换车，履行所谓“出入国手续”。敌伪军警对人民群众百般刁难，任意打骂，多方勒索。山海关被称为“鬼门关”。

1948年，山海关重获解放，工农业生产日益发展，城市建设日新月异。1972年新建成了石河水库，不仅解决了山海关、秦皇岛、北戴河的饮水问题，还能灌溉市郊农田。昔日石河古战场，而今碧波荡漾，禾苗茁壮。山海雄关及附近的城墙、关隘也得到维修整理，迎接着前来旅游的国内外游人。

山海关的关城为四方形，周围八里一百三十七步四尺，并有宽五丈、深二丈五尺的护城河围绕。有东、西、南、北四个关门：东门叫镇东（即“天下第一关”门），西门叫迎恩，南门叫望洋，北门叫威远。在关城的东、西两头又筑有东、西罗城，以为前卫。万里长城自关城的东门“天下第一关”城楼向两侧伸展，南面伸入大海之中，北侧直上燕山。在南、北两侧长城内侧，距关城不远又有南翼城、北翼城各一，为屯兵之处，南北拱卫。在山海关关城的东门外，又有许多城堡、墩台作为前哨。现在东门外的卫城“威远城”的遗址和八里堡墩台（烽火台）的遗迹依然存在。山海关关城不是一个孤立的建筑，而是与关内外的长城、墩堡、关隘等建筑共同构成的一个完整的防御工程体系。

“天下第一关”城楼（即山海关东门）建于高大的城台之上。台下有砖砌券门通向关外。券门洞内原设有闸门，按时开启。门外又有方形瓮城一圈以增强关门的防御能力。城楼为一座三间、两层、歇山顶的建筑。据记载，城楼高三丈，上层宽五丈，下层宽六丈，与现存情况基本相同。屋顶用灰色筒板瓦仰覆铺盖，脊上安设吻兽。城楼东、南、北三面共开有箭窗68

个，好像箭楼的形式，更显示出这一天下雄关城楼的凛然气势。登上第一关城楼，北望长城从角山盘旋而上，犹如长龙蜿蜒在崇山峻岭之间，南望长城直奔渤海之中，酷似龙头探向海底，景色十分壮丽。明朝人曾用“幽蓟东来第一关，襟连沧海枕青山”“万顷洪波观不尽，千寻绝壁画应难”等诗句来描写山海关近旁的景色。

城楼之上所悬挂的“天下第一关”匾额，笔力雄浑，过去曾讹传为严嵩所书，其实是明成化八年（1472年）进士、本地人萧显书写。现在楼下所藏是原匾，楼上所藏是清光绪八年（1882年）摹刻的，楼外所悬挂的则是1929年摹刻的。抗日战争时，日本侵略军曾企图将原匾盗走，因群众设法将匾藏于西大街文庙大成殿内，才把它保存下来。

东罗城、西罗城　罗城是用来加强关门的防御的。东罗城在东门外，建于明万历十二年（1584年）。城墙高二丈三尺四寸，周围五百四十七丈四尺，东、南、北三面环以护城河。有东、南、北3个门，并有水门两个，角楼两个，敌楼7个。在东门门洞上刻有“山海关”三字的匾额，亦为明代原物。西罗城在西门外，这是没有完成的工程，明崇祯十六年（1643年）开工，不到一年明朝就亡了，所以只修了一个西门就停了。

南翼城、北翼城　南翼城在山海关关城南侧二里长城城墙之内，南水关的南面。城墙高二丈有奇，周围三百七十七丈四尺九寸，有南、北二门。北翼城在关城北侧二里长城城墙之内，北水关以北。形制大小与南翼城相同，都是明朝末年巡抚杨嗣昌所建。

在“天下第一关”城楼南北的城墙上，原来还有一些楼、堂等建筑。在城东南隅的叫奎光楼，明洪武时建，嘉靖、万历时重修，是用来供设奎星神像的。在城东北隅的叫威远堂，原来是徐达建奎光楼时同时规划的，一南一北，文武相对，但徐达不久返回京师未建成。到嘉靖四十四年（1565年），孙应元才在旧址上重建起来。现在遗址尚存。在与东罗城相交接的城墙上还有两座楼，在北边的叫临闾楼，南边的叫牧营楼，建于明万历十二年（1584年），用以屯兵设防。

城墙在北齐以前的燕、秦和汉代长城均远在山海关的东北。山海关之有长城，自北齐开始。天保年间（550年—559年）修筑长城从西河总秦戍（山西大同西北）到山海关，共长3000多里。以后北周时（579年）又从雁门关修筑长城和亭障到碣石（山海关附近）。现存山海关附近的长城是明洪武十四年（1381年）开始陆续修建成的。山海关长城的城墙大部分用砖石砌筑，内填碎石夯土，也有一些地方全部用石块砌成。城墙平均高7米左右，有的地方高达14米。

老龙头和澄海楼　从山海关东门往南，长城伸展8里，直入海中，被称为老龙头。在老龙头近处有一濒海城堡叫宁海城，原来在城上有观海亭，后改建为澄海楼。伸入海中的城台敌楼十分坚固雄伟，它是明朝抗击倭寇的大将戚继光所建。陈天植《重修澄海楼记》上说："长城之稍，甃石为垒，高可三丈，长且数倍，曰老龙头。此则明故将戚继光所筑。"为什么老龙头城基伸入海中，在数百年波涛海浪的冲击下而不坏呢？这是由于在海底安下了很多铁锅，铁锅反扣海中，减小了海浪的冲击。这一科学的建筑方法，曾被前人载入史册。清康熙《澄海楼》序中说："城根皆以铁釜为基，过其下者覆釜历历在目。"老龙头不远有城楼名叫澄海楼。澄海楼高三丈，广二丈六尺，深丈有八尺。与长城墩台一起，高峙海上，极为壮观。明清不少诗人写下了"戍楼尽处接危楼，一槛凌空万象收""城头望海海潮生，白浪乘风撼塞城""破浪乘风泛舟楫，安能歌啸不持瓯"等诗句来赞美它。

角山长城　在"天下第一关"城楼北侧，长城往北伸展，约五里抵燕山山麓，沿着陡峭山脊盘旋而上，城台、敌楼林立。城墙内侧有一山名角山，因此称此处为角山长城。站在山顶远望关城和大海，气象万千。清晨在这里观看日出，成为渝关的一景："瑞莲捧日"。过去一些诗人游客曾描写道：角山顶将晓，俯见海中日出，红云四拥，恍如莲座，日升则座沉矣。并有这样一首诗："万里晴空绚早霞，云含曙色现奇花。飞来太液千重瓣，涌出红盆十丈花。光射龙宫惊电转，辉流蓬阙散珠华。只因时傍金乌力，频见朝朝映海涯。"另有一景是"山寺雨晴"，原来在山上有一座角山寺，这里云雾不时聚散，有时半山大雨，而山顶却是晴明，好像别有天地。

在角山长城之外，东面山头上有一烽火台，作为长城前哨的信号站，现在保存尚好，台顶还有石匾，为明代原物。

三道关、悬阳洞　在山海关城东北10里，群山起伏，长城盘绕山间，有关3重，名叫三道关。第一道关建在山涧口上，第二道关建在山脚，第三道关建在山岭之腰。这里悬崖危磴，险巇难行。从关下仰望，长城好像悬砌在绝壁之上。从此再北20里为一片石关（也称九门口），再东北到锥子山、金牛洞，为蓟镇长城与辽东镇长城交界处。

在三道关之上层峦叠嶂，山石奇特，又有清泉一脉流出。在清泉之畔有一山名叫黄牛山，山腰有一洞，可以从山这面穿过山那面。在入口处有一广阔岩洞，原来建有佛楼一座，可容百数十人。洞壁上刻有"悬阳洞""别有洞天"等明清时期的题刻和题记。进入洞口后有一小洞，可拾级登上，起初很狭小，只容一人通行，光线渐暗。行不多时，忽然开朗。在洞的上方，有一个垂直洞口，可仰望天光，因此被称作“悬涧窥天”，为山海关美景之一。洞内又有“天井”“地盆”，泉水从洞上滴于“地盆”之内，砰砰作响。出洞后，树木丛生，奇石竦立，洞口古松两株亭亭如盖。每当春暖花开之际，山间桃李争芳，莺歌燕舞，山光野景，引人入胜。远望长城，俯视深谷，真有“别有洞天”之感。

姜女庙　也叫贞女祠，在山海关东门外13里，八里堡之南。

提到秦始皇筑万里长城，往往联系到孟姜女的故事。多少年来，人们总是借孟姜女的故事来斥责秦始皇对劳动人民强暴奴役，同时也以此抒发对一切残暴统治者的不满。其实孟姜女故事的原始依据与秦始皇没有关系。我们查考一下历史文献，“杞梁妻”的故事见于《左传》，是春秋时候的事，远在秦始皇以前几百年。就拿秦始皇长城来说，距山海关还有数百里。所以说孟姜女曾在望夫石这里望夫也不是事实。根据历史查考，最早把孟姜女的故事与秦始皇相联系起来的是唐朝僧人贯休，在他的一首诗中说：“秦之无道兮四海枯，筑长城兮遮北胡。筑人筑土一万里，杞梁贞妇啼呜呜。上无父兮中无夫，下无子兮孤复孤。一号城崩塞色苦，再号杞梁骨出土……”从此，“孟姜女寻夫”“孟姜女哭长城”的故事就传开了。

至于在山海关这里修建姜女庙，据说在宋以前已有，并且还有文天祥的一副对联：

秦皇安在哉，万里长城筑怨；

姜女未亡也，千秋片石铭贞。

但根据历史考察，文天祥时已是南宋，这里早已是辽、金所辖，文天祥不会到此修庙题联。即使文天祥为姜女庙题过联，也不应在此地。现存的姜女庙是明万历二十二年（1594年）重建的，经明、清多次重修。修庙的主事人张栋在他的《贞女祠记》中也说，孟姜女姓许，陕西同官人，丈夫范杞梁被秦始皇抓到北方修长城，姜女做寒衣，万里寻夫，迢迢远道找到长城脚下时，丈夫已死，埋在长城之内了。她痛哭终日，终于哭倒了长城。这就是传说“孟姜女哭长城”的故事。“贞女孟姜……或以夫为范郎，又云杞梁。杞梁春秋时人，其误无疑。”但是他为了宣扬旧礼教，以启发人之“贞烈”，也就将错就错，“以近长城而思孟姜，因指以为迹”，连后来的乾隆皇帝也只好说“讹传是处也无妨”了。

现在，姜女庙保存有山门、前殿、后殿、振衣亭等建筑。山门前有108磴石级上达庙内。后殿旁有巨石两块，上刻“望夫石”三字和乾隆姜女祠诗。当人们站在庙的周围或望夫石上、振衣亭里时，可南望大海，北看燕山，万里长城蜿蜒于燕山之上，极为壮观。

在前殿的廊柱上有一副对联，由于用字很少，重复使用，颇使人们费解：

海水朝朝朝朝朝朝朝落；

浮云长长长长长长长消。

如果把几个“朝”字和“长”字加上三点水旁，就易于明白了。

海水潮，朝朝潮，朝潮朝落；

浮云涨，长长涨，长涨长消。

在姜女庙南的大海中，有礁石数块突出水面，传为孟姜女的坟墓，这当然也不是事实。由于礁石陡险，平时人不能登，仅有阵阵群雁时集其上，因此被称为“姜坟雁阵”，是渝关景色之一。

山海关附近的长城、关隘和古建筑、文物还很多，如九门口、金牛洞、卧牛桥、三清观、徐达庙等。

秦皇岛和碣石　离山海关不远，还有秦皇岛、北戴河、碣石等名胜。毛泽东同志于1956年写的一首《浪淘沙·北戴河》词中，曾生动地描绘了这一带海湾壮丽景色的今夕：

> 大雨落幽燕，白浪滔天，秦皇岛外打鱼船。一片汪洋都不见，知向谁边？往事越千年，魏武挥鞭，东临碣石有遗篇。萧瑟秋风今又是，换了人间。

词中所引述的秦皇岛和碣石与山海关的历史有着密切关系。

秦皇岛这一名称的由来，即因秦始皇于公元前215年东巡海上曾经到此而得名的。《史记·秦始皇本纪》上记载："三十二年（前215年）始皇之碣石，使燕人卢生求羡门高誓，刻碣石门"，《封禅书》上也记载着秦始皇因寻找不死药，寻找蓬莱、方丈、瀛洲三仙山，受方士欺骗来过这里。

碣石的名字很古老。《尚书·禹贡》中就已经有了。秦始皇刻的《碣石门辞》："隳坏城郭，决通川防，夷去险阻。地势既定，黎庶无徭，天下咸抚。"辞上记载了秦始皇拆除从前六国互防长城的事。汉武帝在登封泰山之后，又东巡海上，到达碣石，观看巨海，并筑台记功。唐太宗也曾到这里来刻石记功。古代许多帝王和诗人在这里写下了描写海山景色的诗篇，最有名的当是魏武帝曹操的《步出夏门行》，也称《碣石篇》，其中有“东临碣石，以观沧海。水何澹澹，山岛竦峙。树木丛生，百草丰茂。秋风萧瑟，洪波涌起”的诗句。毛泽东同志词中的“东临碣石有遗篇”即指的曹操的这一首《碣石篇》。

关于碣石的地点，据考证是在昌黎县城北5里，也有以为即临渝县南海中或就在秦皇岛上。

黄 崖 关

黄崖关位于天津市蓟县境内。蓟县是京东重镇。秦时设无终县于此，隋代改名为渔阳，而古蓟县是在今北京城的西南隅。现在的蓟县，唐时始有蓟州之名，1913年才改为蓟县。

明永乐年间迁都北京，蓟州更成了拱卫京师的要地。嘉靖二十九年（1550年）设蓟州总督于此，次年（1551年）改为蓟辽总督，管辖顺天、保定、辽东三地巡抚。明长城蓟镇总兵虽驻三屯营，但其名称之由来系以蓟州而命名的。

蓟县长城位于县境北部，从东面河北遵化县的马兰关进入蓟县小港乡的赤霞谷后，向西经古墙峪、船仓峪折向西北，再经下营乡的常州、东山、刘庄子、青山岭、车道峪、小平安，跨越泃河，接黄崖正关，经前干涧与北京的将军关相连，在蓟县境内全长41公里。这段长城虽然长度不大，但是城墙、敌楼、墙台、烟墩等的形式与结构独具特点，为明代万里长城中重要的地段。

蓟县长城修筑的历史，可上溯到北齐时代，《隋书·地理志》上记载，在渔阳郡无终县有长城，可能即北齐所筑东至于渤海的旧迹。由于以后的政治、军事情况，这一地区没有修筑过长城，直到明朝才大规模修筑了蓟镇长城。历史文献上记载，明永乐、成化年间修筑了关塞，嘉靖年间修筑了土石城墙，隆庆年间创建了骑墙空心敌台，万历年间才全部用砖包砌了城墙，现存的长城形制与结构即这时的遗物。几百年来由于自然和人为的破坏特别是在“十年浩劫”时期的破坏，长城已经十分残破。

在邓小平同志“爱我中华，修我长城”题字的鼓舞下，天津市各界纷纷捐款赞助维修这一段长城。组成了以李瑞环市长为首的天津市维修长城指挥部并延请了专家和技术人员，军民合力，经过两年的时间，已修复了长城3025米，敌台20座，黄崖正关城楼一座，并建立了黄崖关长城博物馆，正式开放迎接大量的国内外游人。

黄崖关　位于蓟县县城之北30余公里，为蓟镇长城的重要关口。关城正扼守着两山夹峙，一水中流的狭处，形势极为险要。黄崖关不仅地势险要，而且景色极佳，每当夕阳西下，东山壁立的山崖巨石被映照得如火如荼，十分好看，因而早已被称为“黄崖夕照”而列为“蓟州八景”之一了。关侧的泃河清澈莹洁，更增加了雄关的活跃气氛。长城自关城的两侧向东、西两山直奔而上，抵于劈山墙而止，构成了一组完整的防御工程体系。更为值得注意的是黄崖关关城的布局，它与一般城市的十字大街，纵横贯通的胡同坊巷完全不一样，而是采取了“T”字形或曲尺形的街巷。万一敌人撞入关城之时，使敌人到处碰壁，守关之人则可以据有利条件歼灭来犯者。所以被人们称为“八卦阵”“八阵图”等。这样的关城布局在长城沿线的关城、卫所等城堡中，还是罕见的，十分珍贵。黄崖关关城的城垣和城楼久已坍塌残毁。在此次维修工程中，经各方面专家的研讨修复了关城北门“黄崖正关”门楼。门上修什么建筑也费了一番考证，专家们根据不少的城关建筑的北墙上有真武阁或玄帝庙的情况，决定恢复一座真武阁。为什么明代长城线上的关城北面墙上要修真武阁呢？这里有一个传说：明成祖朱棣是扫北的燕王，他是在北方起家的，把首都也从南京迁到了北京，真武（玄武）是北方之神，朱棣能够讨平了诸王的叛乱，当上了皇帝，他认为是多得玄武大帝之助。甚至有时也把自己比作玄武大帝的化身。黄崖关是永乐年间修建的，在关城北墙上建一真武阁，是必然之理。真武阁建筑完全按明代建筑法式设计，在长城关城建筑上尚无他处。

太平安寨　黄崖关这段长城上的一个重要通口。自黄崖正关向东越泃河，这里原有水关，尚在考证研究准备恢复之中。水关之上绝壁高崖，以山险为墙。在崖顶长城开始向东伸展直抵黄崖之麓，山间有一通口即太平安寨。据《四镇三关志》上记载，太平安寨为明成化二年（1466年）建，也是明长城早期的遗物。这里正当黄崖绝壁之下，又值南北山麓的交通要道，为了防御敌人侵袭，同时又便于长城内外人民的往来，设通口把守，是很必要的。太平安寨当是希望天下太平、人人平安之意。寨的形式为一石基砖筑空台，南北设券门。1985年第一期工程完工之后，将赞助天津市长城维修工程的单位和个人名字刻石留念。石碑以黑色花岗岩做成，嵌于寨台之内。

长城城墙　这段长城的城墙虽不算长，但结构甚是多样，其高低宽窄，垛口、宇墙的尺度随山势地形而异。地势低平处较高大，高险处较低薄，与居庸关、八达岭等处的长城相同。但城墙的结构与形式更为丰富。除了砖和条石墙之外，还有块石墙、半面垛口石墙。从原来残毁的墙身剖面还可以看出有些石墙表面整齐，外面包砖，这种情况应是在隆庆、万历期间戚继光整顿防务，改进长城结构前所留下的痕迹。这里的山险墙和劈山墙的痕迹也极为明显，是研究明长城结构的重要地段。此外，在太平安寨通口至五号台之间的城墙脚下还专门留了一个恰能过人的窄孔，以方便守城士卒和当地居民的来往，也是其他长城所少见的。

敌台、墩台　黄崖关这段长城的敌台、墩台数量虽然不多但形式多样，有大有小，有砖有石，有方有圆，有空心的，有实心的，有骑墙的，有靠墙的，有离墙较远的，等等。东山长城高处的一座用毛石砌筑的圆形敌台的形制极为少见，此台为骑墙敌台，但为实心，内外均无梯级可登，当年可能用软梯或活动梯子上下。在台顶上还保留了守城士卒留下的片石炕和炉灶的遗迹。西山长城十五号至十六号敌台之间离墙很近的毛石方形巨大实心墩台可能都是在戚继光重修长城以前的早期遗物。凤凰台是一个特大的圆形高大墩台，即所称的战台类型，不仅体形高大而且下部无门，自中部上升，中空，顶层又有铺房、垛口。台内可以储存较多的武器和住较多的士卒，有较好的作战条件。东山一座保存较好、名叫“寡妇楼”的骑墙空心敌台还有着一段动人的传说故事。传说在修筑长城的时候，河南有12名相好的青年为了保家卫国，自愿前往北方修筑长城，但不幸由于发生事故，全都丧生了。这12名青年的妻子闻说之后，一起相约而来并携带银两捐资完成了这座敌楼的修建，人们为了纪念她们才取了“寡妇楼”这个名字。

在这次维修工程中，还发现了许多珍贵的长城文物，有铁炮、铜铳、铁蒺藜、陶蒺藜、铁盔、火药勺、绊马索、石炮等，其中尤以一门长150多厘米的佛朗机炮，保存极为完整，支柱尚存。从支柱的尺度证明了蓟镇砖筑长城垛口内孔眼的作用为安置此种炮位，改正了过去以为是插旗孔眼之误。同时还发现了10个子铳，是一套保存完整的当年最为先进的火器，甚是难得。

慕 田 峪

慕田峪长城位于北京市怀柔区北部，距北京城区70余公里，是现存万里长城中保存较好的地段之一。根据历史文献记载，距今1400多年前的北齐时代，这里就曾修筑过长城。而现在的长城则是明代所修筑。由于地势险要，历史上这里曾发生过多次重大的战役。相传曹操灭袁绍兄弟就曾取道于此。明朝初年，赶走元代统治者的时候，徐达和元兵大战于此，打败了元军。不久就开始修筑长城和关隘，这就是从居庸关到山海关这一段早期蓟镇长城。到了明代中期，为了加强对王朝首都的防御，特从南方调来了抗倭名将戚继光任蓟镇总兵官，他所管辖的蓟镇长城就包括慕田峪这段。

慕田峪的长城不仅气势雄伟，而且结构也有独特之处。这里的关门与八达岭、山海关、嘉峪关等处的形式都不同，是由3座空心城台所组成。它不是从正中城台开门，而是从南侧城体开门，作为关内外通道。它有如敌楼之状，造型甚为奇特。自关门的两侧，长城缘山脊升起，尤以右侧的坡度最为陡险。左侧长城随山势翻转，奔向远方。至一山顶，长城突然下降，又突然升起，直到海拔940多米的地方，绕了一个大弯，形如水中的大犄角，人们称之为“牛犄角边”。再往前，长城继续延伸，经过一个名叫“箭扣”的地方，两侧山峰如削，达到1044米的高峰。为了不把这里的山头制高点留在外面，长城必须从山头的外侧断崖绝壁上通过。用什么方法来解决长城通过断崖呢？石材、木材都不行，只有钢铁才有可能。于是，修筑长城的军事家和工匠们便用两根铁梁，搭在断崖上，把长城从铁梁上修过去。这种方式在全部长城上甚是罕见。

长城向南伸出一段，到山势尽处，突然终止，在尽头处修了一个甚是坚固雄伟的敌楼。由于突然终止被人们称为“秃尾巴边”。关于这段“秃尾巴边”还流传着一个辛酸的故事：明朝万历十年（1582年），宰相张居正去世，朝中斗争激烈，任人唯亲，贿赂盛行。戚继光等正直之人相继被调走，于是边防吃紧。为了加强京城的防御，便继续加固增修燕山的长城。在慕田峪又起用了一个原来戚继光的部将继续修筑长城。这位部将精通兵法，看见慕田峪这里的山形地势十分复杂，长城外侧曲折起伏的岗岭很多，敌人容易隐蔽潜行到城墙脚下。于是决定修一道向外纵深延长的工事，和原长城正成直角，并做好了方案和预算，报到兵部。兵部中人乘机向他索取贿款。这位廉洁奉公之人，哪里肯给他行贿？这位兵部官员就暗下了害人之心，完工时，他便聚集了一些亲信爪牙前往检查，诬陷这位正直军官把长城走向定错了，并中伤他故意如此，贪污舞弊。此外还罗织了许多罪名把他杀害了。直到10多年以后，这一冤案才得昭雪。这段“秃尾巴边”不仅方向不错，而且工程质量好，又节约。因此，特在敌楼内立了一块昭雪牌，一直保存了300多年，慕田峪的老乡和过往游人都曾看见过，可惜在“文革”时期被砸坏了。

慕田峪长城的另一个特点是林木葱郁、水草丰茂，风景异常优美。在人们的印象中，似乎所有长城都在荒山野岭之上，殊不知慕田峪长城却处在万绿丛中。这里一年四季都有美景可供观赏。春天是群芳争艳，桃红李白；夏天是漫山青绿，郁郁葱葱；冬天是白雪皑皑，松柏傲霜；而最迷人的则是金色的秋天，核桃、板栗、梨子等果实累累，挂满枝头，加上各种树木的叶子有金黄、鲜红、绛紫，五彩缤纷。雄伟的长城，飞舞腾翔于山脊之上，使景色更觉壮观瑰丽。

古 北 口

1980年，国家文物局和文化部共同组织长城调查组，在调查长城的保护情况时，于河北滦平县的巴克什营公社发现一段几十里的长城。这段长城气势雄壮，保存完整，不亚于北京的八达岭。因此，被人们称为“第二个八达岭”。这里名叫沙岭口，是万里长城上千个关口中的一个，归“古北路”管辖，属于古北口这一关险系统中的一个组成部分。这一段长城为什么这样的雄伟、坚固？这必须从古北口的地位形势来说明。

古北口在早期并没有长城，战国和秦、汉时期的长城是从古北口以北很远的地方经过的。北齐天保六年（555年）所修自西河（今陕西榆林河）至山海关3000多里的长城从这里经过，古北口这一带才有了长城。但是北齐长城比较低小，为土石所筑，现在遗迹已经不多了。唐代曾设东军、北口二守提，金贞祐二年（1214年）在这里设过铁门关，但是古北口成为一处雄关隘口，是从明朝开始的。

我们知道，在北京的东北和西北，东西横亘着一座山岭层叠、峰峦林立的燕山山脉，是古代北京的天然屏障。明朝初年把鞑靼贵族统治者推翻之后，朱元璋即派了徐达等来修筑居庸关、古北口、喜峰口等处的城关，派兵驻守，还封了他的第四个儿子朱棣为燕王，驻守北京。1403年朱棣称帝以后，又把明王朝的首都从南京迁到了北京，天子亲临前线，镇守疆土，防止鞑靼贵族的骚扰，北京的防务更为重要了。于是大修长城，尤其是首都北面从居庸关到山海关这一段1000多里的长城修筑得特别坚固。西北的居庸关、东北的古北口成了明王朝首都的两个重要门户。隆庆三年（1569年），明朝的政治家张居正为了加强防务，特别把著名的抗倭名将戚继光、谭纶调来北方。谭纶任蓟辽总督，戚继光任蓟镇总兵。蓟镇所管辖的1200多里的长城，经戚继光的精心筹划，亲自督修，十数年之间便成了一道城墙高峙、墩台林立、烽火台相望的坚固防线。

古北口与居庸关东西对峙，是华北平原通往内蒙古草原的要道，自古称为雄险，有“地扼襟喉通朔漠，天留锁钥枕雄关”之称。明嘉靖三十八年（1559年）祝增所写的一块碑上说：古北口在畿辅（北京）东北二百里许，即唐朝时幽州的虎白口，与诸民族为邻，最为要害，国朝设卫置将，以为重镇。凡是说天下之险要的，都要数这里。《密云县志》上说：“京师北控边塞，顺天所属以松亭、古北口、居庸三关为总要，而古北为尤冲。”古北口建有关城，跨于两山之上，南控大石岭，北界潮河川，城的形状为三角棱形，周四里三百一十步，有3个城门。关城建于明洪武十一年（1378年），并在这里设了守御千户所。洪武三十年（1397年）把千户所又升格改为密云后卫，设了指挥使三员，同知六员，指挥佥事五员，指挥一员，左、中、右、前、后5个卫所，有正副千户、百户36员。明弘治七年（1494年）又在这里设了古北口提调，属古北路参将管辖。古北路所属有15个关口，东起汤河口，西至乍儿峪口。新发现的沙岭口长城就是古北路下属的一个关口，为古北口长城的组成部分。

古北口这里，在辽、金时候还是从辽南京和金中都通往中京、上京的要道，宋朝遣使契丹赴中京、上京者，都从南京（今北京）取道古北口。因此，古北口留下了不少宋朝使臣的诗句。著名的有欧阳修的《奉使契丹过塞》：

古关衰柳聚寒鸦，驻马城头日欲斜。
犹去西楼二千里，行人到此莫思家。

韩琦的《过虎北口》：

东西层巘郁嵯峨，关口才容数骑过。
天意本将南北限，即今天意又如何。

这些诗句不仅反映了辽、宋当时使节往还密切的情况，也反映了古北口的山形地势和关口险要的情况。

另外还有一首苏东坡的弟弟苏辙过古北口时所作的《过杨无敌庙》的七律一首：

行祠寂寞寄关门，野草犹知避血痕。
一败可怜非战罪，太刚嗟独畏人言。
驰驱本为中原用，尝享能令异域尊。
我欲比君周子隐，诛彤聊足慰忠魂。

诗中所说的杨无敌祠，即清朝早期著名学者顾亭林先生专门考证其伪的杨家将之首——杨老令公杨业的祠堂。顾亭林以辽、宋的各自地域和历史条件，认为杨业不可能到此，明朝以前不可能在此建祠。这确也是事实，杨家将与辽争战之地在今山西、河北南部，古北口这里早为辽所据，未曾属过宋。然而苏辙此诗却明明写的是参观了杨无敌祠，诗的内容也说的是杨业之事，如果诗不是伪作，那么是谁修的祠？辽为何要纪念一位与之对战的宋将？宋焉能到古北口来建纪念杨业的祠堂？均难以解释。

《密云县志》上对杨令公祠的记载是：明洪武八年（1375

年）徐达重建，祀宋杨业。成化时镇守监丞许常、都指挥王荣重修，敕赐名威灵庙。这个记载说是重建，想必原有。但此志系晚出，并非明初记录，也不能作为定论。

推测此祠应是辽代所修。有许多宋诗可证为辽所修，其目的是作为激励将士效忠本朝，借宋将以警辽将。确否，尚待进一步查考。

清朝虽然终于停止了修长城，但是古北口这里仍然是北京通向蒙古草原和东北的要道。康熙在承德建立避暑山庄之后，古北口更成了清帝去承德、围场进行政治活动和游乐的必经之地。他们在古北口这里，面对着雄伟的长城和险关隘口，经过多番考虑，决心改变策略，施行利用藏传佛教进行思想统治，拉拢蒙、藏上层贵族的“怀柔”政策。“但以雄关存旧迹”“但留形胜壮山河”这两句诗，300年前虽已宣布长城的历史作用告终，而把它作为古迹保存下来，还可以增壮山河形胜。长城今天才真正成了人民的财富，它把古北口的雄险山河装点得更加壮丽。当人们过了古北口之后，拐过巴克什营进入花楼沟，登上库房楼和西山高峰五眼楼的时候，举目眺望，但见长城盘旋起伏，飞舞腾翔于燕山群峰之巅，墙上敌楼、墩台林立，墙内外烽火台相望，构成一个纵横交错的防御工程网，不禁要为古代工匠和军事家们的精心筹划、辛勤劳动而赞叹。

古北口长城附近的最高峰，有一座高耸的敌楼，如果登上此楼，在晴朗的日子可以看到北京，夜晚可以看到北京城内的灯火。因此，被人们称为望京楼。在金山岭长城上，还有一座用汉白玉石雕砌券门的楼子，称作花楼。门洞内有一块碑上记载了谭纶、戚继光修筑长城的情况。

在这一带长城的四周，还有盘龙山、卧虎山、虎头山、马山、杆棒山、尖岭、大岭等高峰峻岭。在长城奔驰的东南方向有一座云雾弥漫的高山名叫雾灵山，是燕山有名的高峰。

在古北口长城之南，有一座碧波浩荡的高坝平湖——密云水库，是北京主要的水源，同时又是北京的游览地区。如果把从北京经密云水库、古北口和沙岭口长城与承德避暑山庄、外八庙等参观游览地点联系起来，内容将更为丰富。古北口、金山岭这里将成为这一条风景游览线上的一个重要参观点。

居 庸 关

在北京的西北面，有一道东西横亘的山脉，接太行山而东，达于山海关的东北。这就是有名的燕山山脉，它属于太行山的一支。从居庸关往东的长达1800多里的明代万里长城，就是起伏盘旋于燕山之上，自居庸关到山海关的。燕山是北京西北的天然屏障，居庸关就坐落在这一屏障之中，自古被称为“绝险”。

居庸的名称，据考证是以秦始皇时曾经迁徙庸徒（庸是贫苦受雇的劳力）于此居住而得名的。但秦始皇时的长城并不经过这里，而是从北面较远的地方到达辽东的。在秦始皇修筑长城的同时，曾沿长城设置了十二郡，用来开发长城沿线和保证长城的供应。其中上谷郡就在今居庸关附近的延庆、昌平、怀来、宣化、保定这一地区，曾经把一些老百姓和囚徒迁居至此，是有可能的，以后也有不少从外地迁移人民到居庸关的记载。如《后汉书》上记载：建武十五年（39年），徙雁门、代、上谷三郡民居常山居庸关以东。元初五年（118年）也有鲜卑入上谷，攻居庸关的记载。因此，在居庸这里设关，在汉代就已经开始了。但当时这里的居庸关并不是长城线上的关口，而是居庸县与军都县之间的关口。三国时候称作西关，魏称军都关，北齐改称纳款关，唐朝称作居庸关、蓟门关或军都关。辽、金、元、明、清各代都称作居庸关。

1972年在内蒙古自治区和林格尔发掘了一座汉墓，墓内壁画上有一幅居庸关的画面，壁画上标写出了“居庸关”三字，并画出了关内外人们和车马往来的生动情况。这说明了2000年前居庸关内外，我国各族人民密切往来的事实。

居庸关距北京100余里，建于长达30多里的关沟之中。这条关沟是从大同、宣化通往北京的孔道。太行山从山西经河北至此数百里，连绵不断，从山麓至山脊皆陡不可攀，其间有8条通道，谓之太行八陉，居庸即其中的第八陉。《淮南子》说："天下九塞，居庸居其一。"《金史》上说，"中都（金首都，在今北京广安门一带）之有居庸关，犹秦之崤涵（关名），蜀之剑门"一样，它是首都西北的门户和屏障。

居庸关修筑长城是自北魏才开始的，《魏书·世祖本纪》上说：太平真君七年（446年）筑的"畿上塞围"东起上谷，西至于河，这个塞围即北魏的南长城。北齐天保六年（555年），征发了180万人修长城，自幽州北夏口（即居庸关南口）至恒州（山西大同），长900多里。又从这里往东把长城修到了山海关。自此，居庸关才与长城相结合，成了长城的一处重要关口。

现在的居庸关关城和长城，是明朝重修的。汉、三国、北魏、北齐、隋、唐，以及辽、金时期关城的遗物已经不存，形制已不可见。除和林格尔汉墓中所发现的居庸关壁画外，还在居庸关残破的城墙中发现一些较大的沟纹砖的残件，应是辽、金以前的遗物，说明原来这里确有关城和其他建筑物。《水经注》上记载："关在沮阳城东南六十里，居庸界……累石为关垣，崇墉峻壁。”说明北魏时的关城是用石块建成的。元代欧阳玄《过街塔铭》中说，元朝曾在关城的南、北做了两个大红门，设立关卡和斥候（烽火台）。

明朝灭掉元朝以后，元代统治者退出大都（今北京）后，仍力图卷土重来。因此，朱元璋对此十分重视。在开国初期即首先派大将军徐达修筑居庸关等处的关隘。《延庆卫志略·关隘》上说：“明太祖既定中原，付大将军徐达以修隘之任。即古居庸关旧址，垒石为城。景泰初（1450年）王师败于土木，兵部尚书于谦言：宣府京师之藩篱，居庸京师之门户，亟宜守备。及以佥都御使王铉镇居庸，修治沿边关隘，因旧关地狭人稠，度关南八里许古长坡店，创建城垣，即今延庆卫城也。周围一十三里三十七步有奇，东跨巽山之上，西跨兑山之颠，南北二面筑于两山之中，高四丈一尺，厚二丈六尺，东西二面依山建筑，高厚不等。”这段记载与今天居庸关的建筑形制还是基本相符的。根据实地勘查东、西二面依山建筑的城墙，确是高厚不等的。在现在南侧关门的“居庸关”三字匾额上，还保存有“景泰伍年捌月吉日立”的字样，北侧关门匾额上有“景泰伍年伍月吉日立”的题记。《明英宗实录》中也有“景泰六年（1455年）六月己丑……候居庸关城毕工”的记事。

关于居庸关关城的布局情况，自元代开始才有较多的记载，并且还有一座过街塔的基座保存下来，作为实物例证。元代熊梦祥《松云闻见录》中录欧阳玄《过街塔铭》中所说有几点值得注意。一是元时居庸关作为由大都通往上都的大道，皇帝经常从此往还，在居庸关内有寺院，有花园，还有皇帝住宿的地方。二是在关沟的南、北建了两道大红门，作为关的南、北大门。按照元人葛逻禄迺贤居庸关诗自注上说，永明宝相寺和云台（过街塔）在关北5里，那么元时居庸关的范围与现在相似，《析津志》上说：关之南北有30里，大红门应即南北关门，南关大红门，约在关沟口上，今南口之内，北关大红门约在今八达岭附近。三是元代在关内修建了一座精美的过街塔。四是元朝在居庸关南、北两口设了千户所，后改升为万户府，卫军3000人，主要是用来缴巡盗贼。

明朝的居庸关，有水、陆两道关门，现存有陆门关，跨谷的水门关已毁，只存遗址。明朝把云台（过街塔）包在关城之中，关城内有泰安寺、参将、指挥、巡关御使衙门及其他营房等居住的建筑，还有一座规模甚大的“叠翠书馆”。寺院、书馆的遗址，现在还可看出。

现存的居庸关位于长达30余里的关沟之中，有南、北两个外围关口，作为南北门户。南口距北京40余公里，为居庸关关沟的入口。北口即现在的八达岭口，即八达岭关城。居庸关则位于南、北两口之间。在居庸关——北八达岭之间尚有上关遗址一处，当即明初徐达所始修的居庸关旧址。

居庸关居于两山夹峙、山形陡峭的狭谷之中，又有南、北两重关口以为防卫，加之设有重兵守卫、巡逻，因此自古有“绝险”“天险”之称。唐朝诗人高適入关诗有“绝坂水连下，群峰云共高”之句。金人宇文虚中过居庸关诗有“奔峭从天拆，悬流赴壑清。路回穿石细，崖裂与藤争”之句；元人葛逻禄迺贤居庸关诗有“叠障缘青冥，峭绝两崖束，……重关设天险”之句；明人李贽过居庸关时有“重关天险设居庸，百二山河势转雄”之句。至今在八达岭的山崖上还有“天险”二字的题字。多少年来，在居庸关这里曾经留下过数次战争的史迹。从汉元初五年（118年）就有鲜卑人攻打居庸关，与汉朝守将大战的记载。北魏孝昌年间（525年—527年）杜洛周起义军也曾迫使都督元谭西退军都关，明末农民起义领袖李自成率义军首先打下了宣府（宣化）总兵驻地，一举打下了怀来，直入居庸关，攻破北京城。还有辽、金两朝的灭亡，在居庸关这里也发生过少见的战例。辽代末年，金兵进逼居庸关时，辽方调集了精锐部队镇守居庸，满以为雄关可守。但当金兵进到关下时，辽兵因为隐藏于危崖之下，突然崖石崩塌，士兵被压死许多，便不战而溃了。金王朝将亡的时候，元人多次进入居庸关。有一次元兵已至居庸关外，金兵把居庸关用铁水来封固几重关门，在关沟内外布满了鹿角似的铁蒺藜100多里，并且选了大批精锐部队防守，满以为元兵插翅也难飞过居庸关。但没有料到，第二天早上，忽在南口闻得金鼓之声从天而降，金兵大溃。原来是元兵到了八达岭下，知道金兵设防严密，便改变了攻关的计划。元太祖（铁木真）问熟习情况的札八儿如何是好。札八儿说，这样的情况不能强攻，我知道从这个地方往北，黑树林中有一条山谷小道，只有一人单骑可以通过，如果兵马在夜里悄悄偷过，一夜就可绕过去。于是铁木真就让他做前导，从天黑开始进山谷，到天亮就已经绕过关口，到达南口的平地上了，金兵还死守在关沟之中，元兵已入居庸，一直打向中都去了。元朝的灭亡也是明兵从居庸关而入，直下大都。

居庸关自南口以上，两山夹峙，一水中流。《水经注》上说："山岫层深，侧道偏狭……晓禽暮兽寒鸣相和。"这条水谓之湿余水，"其水南流出关，谓之下口"。30多里的关沟之中清溪萦绕，层峦叠嶂，草木葱翠，禽鸟飞鸣，是北京西北的一处壮丽的景色。因此在800年前的金代就以"居庸叠翠"而列为"燕京八景"之一了。从前相传关沟中有许多名胜古迹，号称"七十二景"，如望京石、天险、五鬼头、五郎像、弹琴峡、仙人桥、白果树、点将台、拴马桩等等。今介绍几处，并略溯源流，以供参考。

五郎像　在八达岭下数里关沟中的一块崖石上，刻有杨五郎像，这像已经剥蚀得很模糊。传说杨五郎在五台山削发为僧，这一像也许是明朝人雕刻以为纪念的。在这附近悬崖半空有一个好像桥的石崖，称作仙人桥。

点将台　在居庸关之上，关沟的当中石滩上，传说是穆桂英的点将台。它本身是一块方形大石，上面较为平坦。在崇山中有这一平石是不容易的，所以称为“点将台”。这里还有一处古迹叫“仙人枕”。现在大石上还有早年吕贲和书写的“仙枕”二字。另外在这一块大石上，还有两处题刻值得参考。一是署名为“太行散人”的人游八达岭诗，在诗前有一自注，说他春日游八达岭，有人向他介绍仙枕和琴峡两处古迹，他便前去查访游览。他只找到了“仙人枕”一处，并在仙枕石上题了两首五言古诗。其中一首说：“琴峡不可见，仙枕当堪眠。山色依云霭，苔痕近水鲜。逸人留古迹，清梦自何年。赏玩开怀抱，悠然来欲还。”白云悠悠的关山下，有仙枕可做思古的清梦，不妨去找找山泉，听水流过石块的响声，自古说它在“弹琴”，今天在八达岭不远的铁道边上还有一块“弹琴峡”的石刻。弹琴峡已被沙石淹没，无处可寻了。

拴马桩　传说是杨六郎的拴马桩，他在打败辽兵之后，把马拴在这里。现在一进南口，关沟的东部山头上，有一个如石柱的山峰，突出山岭之上，犹如一个石桩，传说杨六郎曾拴过马。这样大的山峰，用来拴马，表现了人们对英雄人物的景慕。

第二个题刻是明朝时兵部尚书许论为了记录一次从居庸关入援古北口的事：

嘉靖乙卯三月十二日，虏犯古北口，奉命率三镇兵二万余，系由居庸关入援。二十二日虏败遁，二十三日班师，取道怀来郡，虎阳河。总督军务兵部尚书灵宝许论题。

乙卯为嘉靖三十四年（1555年），这一段时期正是也先、鞑靼经常进行骚扰的时期，也是明长城修筑得较多的时候。今天八达岭关城“居庸外镇”就是在这不久以前，嘉靖十七年（1538年）修成的。这一题记说明长城沿线军事调动的情况，也说明居庸关是蓟、宣府、大同三镇兵防调动的重要出入口。

关于杨家将的古迹，在居庸关、古北口一带流传甚广。清初学者顾炎武曾以古北口杨令公祠作了考证，在他的《京东考古录》一书中专门写了《辨一统志杨令公祠之误》一文。以历史事实说明杨业（又名杨继业，即杨令公）是北宋初期名将，与契丹转战于山西雁门关内外，当时幽、燕早入于辽，杨令公从未能到过这一带。至于杨延昭（杨六郎）、穆桂英更在杨令公战败身死之后，北宋更南退雁门关内，不可能来到辽的南京附近的居庸关了。这是历史的事实。但是为什么在北京北面的居庸关、古北口长城线上有许多杨家将的古迹流传呢？这可能是因为明朝在代替元人的统治之后，长城是为防鞑靼之用的，杨家将又是抗击北部游牧民族统治者的英雄，为了激励守关将士的斗志，把杨家将作为榜样，这样才流传下来。

居庸关云台　居庸关云台在今明代居庸关关城之中。洁白的栏杆，高耸的石台，深邃的门洞，精美的雕刻，显示出这一石砌建筑的精美。加之四周衬托着关城的城垣雉堞，更觉雄伟壮观。但是这座云台建筑原来的面貌远比现在高大壮观，原来的名字也不叫云台。它原来是一个过街塔建筑，只因上半部的3座塔久毁，只剩下下面一个座子，后来才把它叫作云台。欲知云台原始的面貌，须先把元代过街塔建筑的经过叙说一下：

元代过街塔的位置，据元人葛逻禄迺贤诗序上说，在关北五里。元代的居庸关比现在居庸关城为大，有南、北二红门，作为其关门。关北五里正是关的中心部位。过街塔的建筑经过，在元朝人熊梦祥的《析津志》和他的《松云闻见录》中所录欧阳玄的《过街塔铭》里讲得比较清楚。“关旧无塔。玄都百里，南则都城，北则过上京，止此一道。昔金人以此为界，我朝始于南北作二大红门。今上以至正二年（1342年）……即南关红门之内，因两山之麓，伐石甃基，累甓跨道，为西域浮图，下通行人。”《析津志》上说：“至正二年（1342年）今上始命大丞相阿鲁图、左丞相别儿怯不花，创建过街塔，在永明寺之南，花园之东。有穹碑二，朝京而立，车驾往还或驻跸于寺，有御榻在焉。其寺之壮丽，莫之与京。”

以上这两个文献材料是云台兴建的最早记载。《析津志》上所说的两通穹碑（大碑），其中一块当是欧阳玄所撰的居庸关《过街塔铭》。

此外，关于描写居庸关过街塔的元代文献还有不少。如《松云闻见录》中引百招长老过居庸关十咏诗中有：“驱车荦确上居庸，古涧流泉拂晓风。当道朱扉司管钥，过街白塔耸穹窿。”葛逻禄迺贤的居庸关诗序上说：“关北五里，有敕建永明宝相寺，宫殿甚壮丽，三塔跨于通衢，车骑皆过其下者，今亡其二矣。”从这两段记载中，我们可以得知元代过街塔的形状是3个塔跨在大街通道之上，塔是白色的塔。从以上几种元代文献中还可以得知，在塔的附近有一座建筑壮丽的寺院大宝相永明寺。这一寺院可能即与塔同时规划的建筑，因为塔并不是孤立的建筑，而是与寺院相结合的。在欧阳玄《过街塔铭》中也同时叙述了永明寺说：“既而缘岩结构，作三世佛殿，前门翚飞，旁舍旗布。”这寺的位置应即在今云台西北侧关城的山脚下。从这些文献上还可得知，这座塔的西面还有花园，皇帝路过这里时经常住在寺内。想当年这里确是盛极一时的地方。

明代的云台和泰安寺　明朝时，由于台子上的3座塔早经毁坏，只剩了下面的白石座子，明朝的一些文人不加考证便给它取了一个别名叫“石台云阁”，或叫“石阁云台”。取其“远望如在云端”之意。因此，云台这一名称便相传下来了。

台上的三塔毁去的时候很早，据元朝人葛逻禄迺贤的居庸关诗序中说：三塔跨于通衢，车骑皆过其下者，今亡其二矣。即在元代三塔已经坏掉两个。估计在元末明初余下的一塔也已毁坏，于是便在台上修建了一个佛祠。这个佛祠在明正统八年（1443年）也已残坏，便又在上面建了佛殿，名叫泰安寺。新中国成立后，在云台顶上还发现有明正统十三年（1448年）冯益撰《敕赐居庸关泰安寺修建碑记》，记述了这一寺院的修建情况。碑文为：

居庸关在京师西北，连山重岳，而中口之关险，北阙之巨防也。旧有佛祠。两关之中衢，累石为台，如垣墉之状，窍其下以通，而上建寺宇以栖佛口，复即窍之两间刻诸天神，庄严备具，实一方之胜。而历岁口久，栋甍弗完，漆垩漫灭。正统八年春……议而新之，……未几台殿截然，获复旧观。……为佛像者三，置诸殿内，以备供养，中为毘卢遮那，左为文殊，而右为普贤……凡经五载，以正统十三年□月告成。

根据其他历史文献旁证和现存云台顶上的面积推断，台上只有寺中的一个重要殿宇，并不是泰安寺的全部建筑。整个寺院应还有其他殿宇、僧房、客舍等建筑。可能就是在原来元朝永明寺的基础上修建的寺院。

台上的殿宇在清康熙四十一年（1702年）被火烧毁。据《延庆卫志略》上记载："云台石阁，在关城南门内，……正统十二年（1447年）因旧存塔基，建佛殿五楹，远望如在云端。康熙四十一年（1702年）五月毁于火。"

从此以后，云台就只存了一个单独石台，至今已270余年了。

云台建筑　介绍云台的建筑首先要谈一下原来的过街塔。过街塔是我国古塔中一种重要的类型，因它们跨于街道、通途之上，所以称之为过街塔，也称作门塔、塔门。这种塔除居庸关过街塔之外，元代在大都就建有好几个。如元世祖时在南城彰义门所建塔门，顺帝至元五年（1339年）在南口所建过街塔、至正十四年（1354年）在卢沟桥所建过街塔等。其他省市也有不少的过街塔。如江苏镇江过街塔（俗称昭关）、广西桂林万寿寺舍利塔、云南官渡过街塔、北京法海寺门塔以及承德普陀宗乘之庙的塔门等。这种塔的特点是在一高大台座之上立塔，台下开券洞门，以通行人，台上立有单塔、三塔、五塔不等。为什么要下面开门通行，据佛教经义上说是让过往行人得以顶戴礼佛。台上的塔大多是藏传覆钵式塔，是元朝普遍流行的一种塔形。

根据这种塔的特点推测原来居庸关过街塔的形式，应是3座并列的藏传覆钵式塔，其高度大小不得而知。现存云台的建筑系用洁白大理石（汉白玉石）砌筑，台子下大上小，有明显收分。上顶宽25.81米，进深12.9米。台子的正中辟券门，券门顶作八边形，尚保存宋元以前城关门洞的形式。在台顶四周绕以白石栏杆及排水龙头。栏杆地袱之下，又饰以璎珞珠串、兽面等装饰的平盘，极富玲珑之感。现在云台顶上保存的五开间的柱础遗址，即明朝所建泰安寺殿宇的遗迹。

云台雕刻　雕刻内容可分为两种，一是佛教图像和花纹雕刻，二是经咒和造塔功德记等文字。

佛教图像均属藏传佛教内容，计有五曼荼罗、十方佛、千佛、四大天王、交叉金刚杵、六拏具等。五曼荼罗在券洞顶部正中平面上；十方佛位于券洞顶部斜面两侧；千佛位于十方佛之间；四大天王位于券洞四隅；交叉金刚杵位于券洞外面券门四脚；六拏具则刻于券洞门面上。所谓六拏具即6种以动物象征组成的法相装饰，常用于佛像背光和券门之上。因为翻译原文的最后一个字为“拏”字，所以称作六拏具。据《造像量度经解》上说六拏具是：一曰伽噌拏，华云大鹏，乃慈悲之相也；二曰布啰拏，华云鲸鱼，保护之相也；三曰那啰拏，华云龙子，救度之相也；四曰婆啰拏，华云童男，福贤之相也；五曰福啰拏，华云兽王，自在之相也；六曰救啰拏，华云象王，善师之相也。云台券洞门面上六拏具的排列是，大鹏（也称大鹏金翅鸟）1个，在券顶的正中。鲸鱼2个，龙子2个，童男骑异兽2个，象2个，分别排列在大鹏的两侧。

云台的六体文字在云台券洞的两侧壁，四大天王浮雕的中间，刻着《佛顶尊胜陀罗尼心经》、《十字密言》、《佛顶放无垢光明入普门观察一切如来心陀罗尼》（节略）、《造塔功德记》等。六体文字为梵文（古尼泊尔文）、藏文、八思巴蒙文（八思巴为新蒙文的创造人）、维吾尔文、汉文、西夏文，这六体文字同时刻在一处，说明了元代我国各族人民文化交流的事实，也是研究古代文字的重要实物。

在汉文《造塔功德记》中有“建立高显窣堵波，三乘三宝……建三塔……开一乘门”的叙述，说明原来过街塔上部是藏传覆钵式塔形式的三塔。汉文《造塔功德记》的末尾还具有“至正五年（1345年）岁次乙酉九月吉日西属成都宝积寺僧德成书”的署名落款，是知此塔从至正二年（1342年）至至正五年（1345年）经过了4年时间，才基本建成。

八　达　岭

八达岭位于居庸关关沟的北口，与南口相对，为居庸关的门户。从八达岭俯视居庸，远眺北京，居高临下，势若高屋建瓴，地势险要，所以古人曾说："居庸之险不在关而在八达岭。"

八达岭这一名称的由来曾有两种说法。一说是"把鞑岭"，因明朝时长城主要是防鞑靼，这里是防守鞑靼的重要口子，所以称为"把鞑岭"。另一说是由于这里南面通向南口、昌平、北京，北面通向延庆、永宁，西面通向沙城、宣化、张家口，道路从此四通八达，所以称为"八达岭"。这二说，应以后一说为是，因为远在元朝以前，金代就已经有八达岭的名称了。金代诗人刘迎就有《晚到八达岭下，达旦乃上》《出八达岭》的长诗。

八达岭这里两山夹峙，中通一径，在岭口之间有一小小关城，长城即从关城的南、北两侧依山上筑。八达岭关城为一不规则的四方形，东、西两面各有关门一座，东门题额曰："居庸外镇"，西门题额曰："北门锁钥"。历史文献上记载，关城是明弘治十八年（1505年）修筑的。但从现在两个关门的匾额的题记上看还晚了30多年。居庸外镇的匾额右上方有“巡案监察御使陈豪书”，左下方有“嘉靖己亥（1539年）仲秋吉旦立”的年月落款。这30多年都在修建八达岭一带的长城，长城工程浩大，不是短时间所能完成的。在“北门锁钥”的匾额上，落款年代更晚。匾上题：“钦差总督蓟辽等处军务，兵部尚书都察院左副都御使山阴吴究，巡按直隶监察御使新喻敖鲲。万历拾年岁次壬午五月吉日立建。”万历十年为1582年，比弘治十八年（1505年）更晚了近80年，说明这近80年中八达岭长城都在陆续修建中。另外，在居庸外镇城楼上现在还保存有一块万历十年（1582年）修居庸关八达岭长城、敌台的碑刻，说明八达岭这一带的长城经过了将近100年的时间才陆续修完。碑文如下：

万历拾年驻防本镇左右部，修工起自□石，伍名关横南台至八字贰号台止，共修城墙长三十丈三尺，城墙高连垛口二丈五尺。自七月中起，至十月中止，计工三个月完，今将□员役开具于后。

钦差分守居庸关等处□副都指挥定州胡□□

钦差守备八达岭路等处副都指挥密云李风志

中军百户睢宝刘宗录

把总百户徐钦、张自、陆文镖

管工头目赵淮、张文义

管烧灰头目诚启、谈名

窑匠头役王锐、杨二千

泥瓦匠头役□明、张举、李替、盖臣

万历拾年拾月吉日立

从这一碑刻中，除得知修筑长城的情况外，还了解到八达岭明朝防守的情况。碑中有钦差守备八达岭路副都指挥的官衔，守备这一官职，均在长城重要关隘和其他重要军事据点上设立，受总兵指挥，并且能指挥附近的巡防人员。明朝把长城的重要地段分作“路”，作为军事管辖区“镇”的分支，往往管辖指挥其附近的十数个关口和驻兵地点。由于八达岭地形狭小，守备指挥衙门和粮秣、武器仓储等则设在八达岭口外的岔道城内。当时守备所属有把总3员，巡捕1员，军丁788名，这些人员军丁都分守在附近的隘口、敌楼、长城之上。在武器、被服方面还配备有盔甲、虎皮帽、大刀、腰刀、藤牌、弓箭、大炮、涌珠炮、子母炮、铅丸、火药以及燃烟举火的设备。

八达岭由于地形险阻，守防谨严，所以古时战争直接强攻取胜的不多，而都是绕道从南口前后夹击，夺取居庸，攻破北京。明崇祯十七年（1644年）三月，李自成领导的农民起义军攻下宣府之后，兵进居庸关，来到八达岭下，强攻多时不得下，于是便改变战略，分兵攻打防守较弱、地形次险的柳沟，绕出居庸之南，从南口夹攻居庸关而取胜。

在长城的布局上，八达岭一带的长城仍属内长城，八达岭关城属于“内口”，在张家口、万全、赤城、阳高一线尚有一道长城。当时十一镇之一的宣府镇也设在八达岭以外的宣化，在八达岭上我们还可以看见距离不远的地方又有一道重城和烟墩遗址，说明长城是重重设防的部署。

在八达岭旁边现在还保存着原来关沟七十二景中的“望京石”和“天险留题”。

在“居庸外镇”关门前面的大道南侧有几块巨大的天然岩石，上刻“望京石”三字，未署人名和年月。当天空晴朗的时候，人们站在石上可以通过30多里长的关沟，远望北京。关沟两旁层层山岭互相叠压，“居庸叠翠”之景就在眼前。

“天险留题”就在居庸外镇内侧，沿公路而下约1里的山崖上。一处用人工凿平的崖壁上刻下楷书“天险”二字。相传是明朝所刻，但在“天险”二字左下方刻有清代题名为：“知延庆州事四明童恩摩口同游，元和朱骏声、四明张忠恕、四明张嗣鸿。道光十五年（1835年）四月保阳刘振宗镌。”是否明代已有题刻，字迹风蚀后，清道光时又重刻过，已无从查考了。

在八达岭下的青龙桥火车站老站，有一处纪念我国近代杰出工程师詹天佑先生的碑亭和铜像。詹天佑先生早年留学美国，回国后即致力我国的铁道建设。京张铁路八达岭这一段工程路险坡陡，当时的外资公司不敢承担设计施工。詹天佑先生经过详细调查，大胆创造，解决了坡陡的问题。火车行到南口改由两个车头前拉后顶，使当时这一段铁路的坡度成了世界上少有的奇迹。这一铁路工程自1905年破土施工，到1909年全部建成，至今已100多年了。

雁　门　关

山西代县西北20公里，有长城重要关口雁门关。关城楼早已毁圮，但城门洞尚存。

关东西山势峭拔，西为恒山西段，东南是有名的五台山。境内悬崖绝壁，群山连绵。道路盘旋崎岖，到此两山对峙，形状如门。《山海经》："雁门，飞雁出于其门。"雁从门中飞过，因而得名雁门关。

关南有句注山，古代的关门正设在句注山上。从春秋到唐代，向以句注塞著名。《河东记》说：句注，以山形勾转，水势注流而名。《吕氏春秋》："天下九塞，句注其一。"从唐代开始设立雁门关。明洪武七年（1374年），始修关城于今址。城门洞石匾上刻“险”（天险）、“堑”（地利），表示雁门关险要的形胜。城门砖墙上刻有一副对联：“三关要隘无双地，九塞尊崇第一关。”

沿雁门关一线，重峦叠嶂，古老的内长城蜿蜒曲折，恰像一条玉带将诸峰连在一起，山上烽火台星罗棋布，加上城楼、敌台、内外城障亭墩，守望相助。原关外筑大石墙3道，小石墙25道，隘口18个，和宁武关、偏头关一起称为“外三关”。现在雁门关一带长城已残缺不全，在新广武和白草口还断断续续可以看到亭障遗迹。

雁门关，历史上一直以“雁门紫塞”著名。它是“代州八景”之一。原来这一带山上生产赭（音者）石。明李时珍《本草纲目》中称为代赭石，附近还有长石、黏土均现紫红色，在月光照射下，分外好看，更显出关塞壮丽，故名“雁门紫塞”。

雁门关是历代兵家必争之地。宋朝大将杨业于太平兴国五年（980年）任代州刺史，驻守雁门。10万辽军来攻，杨业率兵数千，虽敌众我寡，杨业从西陉出奇兵，到雁门关北口，南向攻击。辽军不知杨业多少人马，又恐雁门关有伏兵，慌张抵抗，辽军大败。从此杨业被称为“杨无敌”。

抗日战争中，1937年10月，我八路军一二〇师在雁门关以南黑石头沟、吴家窑一带伏击日本侵略军的运输队，击毁敌军汽车数十辆。1937年10月，我一二九师在雁门关西口阳明堡，夜袭日军机场，仅20分钟，将守敌和24架飞机全歼。

宁武关　偏关

山西的宁武县城即古代的宁武关。

宁武关在三关之中，为东西要害，“外接八角堡，内维岢岚州，故设重臣以调度焉”。关口在四山汇集之处，东北接恒山，南依云中山，西北靠管涔山，西南接芦芽山。

宁武关创于明景泰元年（1450年），旧叫宁文堡，在今关城西1里。隆庆四年（1570年），又加筑宁武关，关城周7里余。

关东北20里，有阳方堡（今名阳方口），这里不仅是把守宁武的要冲，而且是三关的蔽障，从前驻重兵于此，史籍上认为“东可以卫雁门，西可以援偏老，北可以应云朔，盖地利得也”。

偏关，在山西河曲县北110里，东连鸦角山，西逼黄河。因其地东高西低，所以叫偏头。宋置偏头关，金代因袭下来。元代开始设关。明初，属镇西卫守备。

明洪武二十二年（1389年），始建土城。明代多次在这里修建。据《读史方舆纪要》，关外有城墙4道，明成化二年（1466年）于关北60里，起老营、鸦角墩，西至黄河岸老牛湾，筑墙140里，称二边墙。关东北30里，起石庙儿到石梯墩，70里，叫三边墙。关北2里，起鹰窝山到教场，120里，叫四边墙。

偏关四周皆山，西临大河，“地控黄河北，山连紫塞长”，形势十分险要。有人说“宣大以蔽京师，偏头以蔽全晋”，可见偏关从前内屏晋冀以至京都的重要地位。明代在这里严密设防，比起宁武、雁门二关“尤为严固”，明嘉靖初年，设总督于此，连属山西诸镇。

嘉 峪 关

嘉峪关在甘肃省西部，正当河西走廊的西头，明代万里长城的西端即起于这里，为古代军事要地，是现存长城关城中最完整的一处。

嘉峪关关城与长城建筑的经过，据（乾隆）《肃州新志》上记载：“嘉峪关，在州西七十里，嘉峪山西麓，明初置。洪武五年（1372年），冯胜下河西，……土城，周二百二十丈。

弘治七年（1494年），以土鲁番叛，闭嘉峪关，……嘉靖十八年（1539年）尚书翟銮行边，言嘉峪关……为河西第一隘，墙壕淤损，宜加修葺，……每五里设墩台一座，以为保障。因使兵备道李涵监筑，起于卯来泉之南，讫于野麻湾之东北。板筑甚坚，粗耰不能入……”

到了清代，嘉峪关已逐渐地由重要关防而变成了检查的关卡。据《肃州新志》上记载：“自康熙五十四年（1715年），嘉峪关外古酒泉西鄙之地，敦煌全郡之地，渐次经营，开设卫所。雍正三年（1725年），河西卫所均改郡县，至哈密古依吾郡设兵驻防，迄为重镇。”

到清代末年和西北军阀盘踞之时，嘉峪关不仅遭到了巨大的破坏，而且成了勒索来往客商、盘剥人民的处所。嘉峪关城楼上原有“天下第一雄关”匾额，也被军阀拆除破坏。据宣统三年（1911年）刘雨沛《西戎途中日记》记载：“关由肃州道监督，只派家丁为委员司之。每一人出入关门收税一百二十文，牲畜每头四百文，车马通过，勒索敲诈甚如饿虎扑食。另有游击一员带兵弁关城城楼十数名驻守。”1913年单骑《西征日记》中也写道：“今关上只有居民十余户，疲兵百余名，关内土地，荒榛满目。”其衰败荒凉的景象可想而知。

新中国成立以后，人民政府把长城作为文物古迹加以保护，嘉峪关被列入国家重点文物保护单位，历年拨款加以修缮，设置文物保管所。现在，这座雄关已成了广大人民游览参观的好地方。

自今酒泉市往西，有公路穿过数十里的戈壁滩直达嘉峪关下。公路沿着古代的大道修建，从汽车上可以看见烽火墩台高耸道旁。有“五里一小墩，十里一大墩”的说法。汽车行驶约1个小时即来到嘉峪关下，只见关城雄峙于嘉峪山上，南面是终年积雪的祁连山，万里长城直抵山下，关北是一片茫茫的戈壁滩，长城即从嘉峪关城的北面伸展，再折而东，穿过戈壁沙漠，翻山越岭直抵辽东，蜿蜒万里。关前有一条清清的泉水，灌溉着数百亩田禾，青绿一片，使沙滩上的关城颇增景色，数百年以前即被称为“峪泉活水”而列为肃州胜景了。《肃州八景》上说：“峪泉乃嘉峪关坡下之九眼泉也，冬夏澄清，碧波不竭，以极西关。有此涌泉不惟民资以生，且又沃地数顷。”其实这一片水草不仅增加了关城景色，而且是关城的命脉。假如没有这脉清泉，守兵便无以为饮，这座关城实是难以维持的。嘉峪关之所以建筑于此，除山形地势之外，此一泉水起着决定性的作用。

嘉峪关属于明长城九镇中的甘肃镇肃州卫，与整个长城、烽火台联成一体，关城即整个长城防线上的一个重要据点。

关城的平面为一个西头大、东头小的梯形平面，像一个大斗。东面城墙长约154米，西面城墙长约166米，南北城墙各长约160米。在西头城墙的外侧又加筑了一道厚墙，使西头的防御工事更为坚固。在关城西头外墙的两端有低矮土墙与关城南北平行，构成了一个罗城，使整个关城成了双重城墙的平面。在关城的东面复以土墙围成一个广场。

从关的东面有闸门进入罗城，闸门上有闸楼，单檐歇山顶。靠近关城的东门有戏台、关帝庙和文昌阁等建筑物。关城有东、西二门，东门曰光化门，西门曰柔远门。柔远门外面的罗城亦有门，即嘉峪关的大门，原来“天下第一雄关”匾额即悬于此门上。此门于新中国成立前已被拆毁。光化门与柔远门外，均有瓮城。光化门与柔远门上均有城楼，面阔三间，周围廊，三层单檐歇山顶，高约17米，耸立于城门之上，非常壮观。在关城内，东、西两门的北侧均有宽广的马道可以登上城墙。

关城的四隅有角台，上有角楼，高两层，全部用砖砌成，形如碉堡。南、北两侧城墙的正中有敌台，台上建敌楼，面阔三间，带前廊。罗城西面南、北两端亦建角台，台上建角楼。关城之上远远望去碉堡林立，城楼高峙，显示出万里长城雄关的凛然姿态。

关城城墙的结构大部为土筑，仅门楼、角楼包砖，城墙高10.6米，下基厚5米许，墙顶宽2米，有显著收分。墙顶外侧设砖砌垛口，内侧设宇墙。城墙用黄土分层夯筑，夯层厚14厘米左右，夯打极为坚实，正如州志中所记载“粗耰不能入”的情况。罗城的西墙，因其是迎敌的一面，全部砖砌，不仅增壮关城的气势，而且也更加坚固，起到有力的防御作用。

关城之内的建筑物，现在仅有清代所建游击衙门一处，井亭一座，其他的官兵住房和粮秣武器库房早已不存了。

嘉峪关附近的长城虽有残破，但还可以看出建筑的情况来。长城大部是土筑，高约6米。嘉峪关附近长城的建筑情况据（乾隆）《肃州新志》上记载：有4种不同的形式，一种是无垛口的城墙，这种形式的城墙大概是用在比较不容易受敌人攻击的地方。第二种是有垛口的城墙，同时还有墙台，以便士卒守卫巡逻，这种城墙应是用在险要的地方。第三种叫作崖榨，是用树木、木板等在山崖险处设置的崖榨墙。第四种叫边壕，边壕口阔三丈，浚至见水为止，底阔一丈，两岸筑土堰各一道，底阔四尺，顶阔一尺五寸，高五尺。

从上面这几种形式的城墙的建筑方法可以看出，在修筑长城的时候采用了按照防御的需要、因地制宜的原则进行修筑。如边壕这种形式是在苦水界牌的地方，这里是低洼多水之地，如果建筑高墙很困难，那么用壕沟的方式则既省力又达到防御的目的。

墩台即烽火台，也称作堡子，是长城沿线守卫的据点和联络、传递消息的工具。文献上记载，嘉峪关共管理墩台39座。在从嘉峪关通往酒泉道上的一处墩堡，堡子的平面有一个四方形的围墙，南面开门，大约可容数十人居住。内部的房屋已经坍塌，只存烽火台一座。烽火台为土筑，为上小下大的方锥形，高约6米余。由烽火台的背面有梯道可登上台顶，顶上还有残墙高数尺，即当年守望戍卒居住的房屋遗迹。

关于明代长城墩台的形式，文献记载上种类很多。据明陈棐《边防碑记》上说："……令各筑大墩，中建实台，台用悬洞天桥而上。墩外筑城垣，四面暗砌铁门，放将军大炮，多安放火枪孔，券名曰铁城迅击台……名曰轰电却胡台。复广前墩之式，中建一台，即安火炮铁门券洞于台之下，通出四面，以大将军炮诸火器，向外击贼。台上有房，多储器粮，台中之底多凿井，防久攻困，名曰玉空飞震台。复广前墩之式，中建墩台，四隅筑二实台、二虚台，虚台中设火洞炮眼，悬空安门，置梯从此以上下，名曰风雷太极台，造转轴、翻拍、鹿角、陷马品字坑……"

从这个碑文所载的各种墩台的构造与设防情况，可以看出明代长城墩台构造的形式、结构，是非常丰富多样的，按照不同的情况和险要程度分别设置。

在酒泉、张掖市文化馆内有不少有关嘉峪关和当时防守的文物，其中的数件足以说明当时嘉峪关的情况。特简介如下：

一、明代修建嘉峪关城楼的碣

碣为青石刻成，标题为“修建玄帝庙碣记”。文曰：

嘉峪关碣记

皇明肃州卫嘉峪关山内居中第，旧有玄帝庙，岁戍官军百余。西域往来使旅祈仰，无不感应。正德改元，丙寅秋八月，钦差整饰肃州等处。兵备副宪李公端澄，遵成命起东西二楼暨官厅、夷厅、仓库，推委镇董工，今年丁卯春二月落成。惕睹高真祠居下隘，恭虔叩请，三卜俱吉，遂协心捐资，移建于关南城上，向北筑基，重建庙一所。中塑玄天上帝，两壁绘诸天神将，金饰辉煌，神威炫耀。凡有祷事必应。因立碣以记其颠末。

大明正德二年丁卯春二月望日委修嘉峪关承信校尉王镇立碣并撰书。

此段碣文所记对嘉峪关城修建的历史非常重要，因为据其他志书等文献记载，嘉峪关城在洪武五年（1372年）所建时为土城，无城楼垛口，虽有李公端澄增修城楼的记载，但不详年月与经过。此碣文不仅证明了州志的记载，而且做了具体的补充。从这块碣文上还可以得知此时还没有罗城，罗城应是嘉靖十八年（1539年）增修长城加强防务时同时修筑的。

此碣文还可以改正明史记载的差误，按《明史·兵志》载弘治十四年（1501年）敕修嘉峪关，比此碣文记载早了7年。可能是弘治时曾下了命令修建，但并未动工，皇家史官们便以发敕令的年月作修关的年月记入史册了。

二、嘉峪关关照

此关照为木刻板，长方形，顶部为梯形。总长20.2厘米，宽11.2厘米，厚约2厘米。关照全文是：

嘉峪关游所府为给照事今据

车户一名　运粮柳沟于本日时出关交仓换照赴关发放如有冒名夹带运夫逃人等入关者查出定行严处不贷此照

康熙五十六年　月　日给

从这一块关照上可以看出清初嘉峪关通行的制度。关照上所写的柳沟在安西之东200余里，距嘉峪关300余里，正是通往青海、西藏的要道，是储粮的大站。专门刻了印版印刷送粮柳沟关照，说明当时运粮是很多的。它反映了清初西北新疆地区的政治军事情况。

三、永乐铜炮

在酒泉、张掖一带有不少明、清守卫武器如甲胄、弓箭、铜炮等。甲胄、弓箭的年代已难考证，而大多数铜炮上都铸有年月，兹举一尊铜炮为例。

此铜炮为青铜合金所铸，为中型炮，总长55厘米，重30余斤，分作炮尾、药腔、炮筒3部分。炮口径为11厘米，筒厚1厘米。在炮尾上刻有如下文字：

奇字壹千玖百叁拾叁号

永乐柒年九月　日造

按明代陈棐《边防碑记》上记载，当时河西一带守备武器种类甚多，有“河西火器雄甲诸镇”之称。有所谓夜叉悬木偏并架、悬石并架、流星铁飞石并架、钩头铳、铁巨斧、四股飞叉、飞轮游刃、八面应敌万余霹雳火车、旋风炮火军、冲枪飞火车、大将军炮、二将军炮、三将军炮、乌咀铳、金刚腿大炮、连珠双头枪、生铁石榴炮等等。从此可知明代作战武器已有很大的发展。所见的永乐铜炮已经有编号，该炮已是奇字1900多号了，总起来应是上万的了，与文献记载彼此可以得到证明。

嘉峪关的防守人员的情况没有专门的记载，据隆庆三年（1569年）兵部尚书当时进呈的《九边图说》上说甘肃镇共有官兵9万余名。嘉峪关设守备把守，按明代兵制，守备之官在明初官秩甚大，中叶以后已稍降。《明史·职官志》称各守一城一堡者为守备，无品级无定员。当时驻守嘉峪关官兵千人左右。

明末及清初嘉峪关有轮戎及充发军170名，招募军343名，共计513名，连所辖39处墩台，每台十数人计算，总数亦在千人左右，与明代中叶相去不远。

临洮长城坡秦长城遗址

临洮位于甘肃省南部100余公里的洮河岸边。沿着洮河是一片肥沃的土地，宜于农牧业的发展，因此，很久以来就成了人民居住生活的地方。我国原始社会时期很多重要的古代文化遗址，如齐家文化、马家窑文化遗址就分布在洮河的岸边。根据《狄道州志》记载：临洮，周代属雍州，秦属陇西郡，汉置狄道县，并且是陇西郡治的所在地，又分治固安县，魏因之，晋惠帝时改狄道郡，前梁为武始郡，唐初属兰州，天宝二年（743年）置狄道郡，乾元初为临洮州郡治。金改为临洮府，元因之。明代设卫，属行都司。清初仍为临洮府治，乾隆三年（1738年）改为狄道州。

从其他许多历史文献记载上得知，临洮这里历代以来都是封建王朝的地方政治军事据点之一。《史记·蒙恬列传》上记载："始皇二十六年（前221年）……秦已并天下，乃使蒙恬将三十万众……收河南。筑长城，因地形，用制险塞，起临洮，至辽东，延袤万余里。"秦临洮县的位置，唐初萧德言等人所修《括地志》首次依《水经注》所记情况，肯定在岷州（今岷县），其后史地学家均依其说。按岷县距今临洮西南200余公里。根据文献记载，秦长城，即经现在临洮的东面山下，沿着洮河而西达于岷县的。今长城坡长城遗址群是一处实物例证。

长城坡秦长城在今临洮县城的东面。出县城西门有一条小河名叫东峪沟，这条小河即古之滥水，即陇水。《水经注》上说："洮水在城西北流，又北陇水注之，即《山海经》所谓滥水也。"沿东峪沟溯流而上，50里到达窑店驿。此处地形险隘，两旁高山夹峙，东南是通渭南的大道，东北可通陇西各地，为古代军事驿传的重要地点。长城即跨于沟的两面高山之上。在窑店驿东北有一个400多米高的山坡，名叫长城坡，这个坡顶上保存了一段400多米比较好的长城。在半坡上长城有一个缺口，俗称为长城口，长城即沿山梁而南北伸展。南面保存约200余米，沿山梁而下，跨山谷而南，据当地同志谈，对面山上原有长城，但现在痕迹已难寻觅了。北面保存约200米，沿山梁而上，至山顶已不可辨识。由于年代久远，城墙或已坍塌，或辟麦田时掘毁，但登高远望，尚可见山梁之上，若断若续的城墙有如长龙，起伏游动。

长城坡存在的长城遗址有：

（一）长城口现有大道

由窑店驿翻山，经这里通往渭源及陇西各县。进长城口东有小村名关门湾，《狄道州续志》上记载，宋咸平四年（1001年）张斌奏破契丹兵于长城口即在这里。关门湾这个地名，也相传已久，可知长城口在古代即是一个关隘地点。

长城口现在是一个巨大的豁口，从大路南侧倒塌的断面看，最下一层是生土，高约1.5米。生土之上为一层没有夯层的压实黄土，非常坚实，呈一扁平台状，厚约3米，进深残存10米左右。黄土之上，筑有一道有夯土层的城墙，墙高残存2米，宽3.5米，夯土层厚六七厘米，最厚的有10厘米。其结构与两侧城墙完全一样，并且是相连着的。

（二）城墙情况

在长城口的南北两侧保存长城的断面，呈一梯形，高2.5米，上宽2米，基宽3.6米。夯土为黄色黏土并夹有碎石。从断面看到的城墙，上部已倒塌成一尖锥状，现存高2.8米，下宽2.9米，夯土层厚6—9厘米。侧面随着山冈做起伏之状。从塌下的夯层表面看，城墙夯土层的夯窝是很不规则的，直径不大，一般在三四厘米左右，还是早期的夯筑办法。

（三）在长城口附近发现的陶片

在长城口附近随处可以发现有较大的绳纹板瓦、陶管、陶盆等器物残片。据当地群众反映，在长城口附近麦田中过去经常发现2尺来长的整块大瓦，到20世纪80年代由于翻耕土地已经逐渐稀少了。有一社员出示大瓦一块，长49厘米，虽已残缺不全，尚可据以复原。从长城口旁边拾得粗绳纹瓦片及陶管、陶盆残片数块，观其质地与纹饰，绝非秦汉以后之物，据考古学家认为确系秦或战国之物，与西安秦代遗址中所出土瓦件相似。有以下几种：

绳纹板瓦　按长49厘米复原，大的一端宽30厘米，小的一端宽28厘米，弧度为30∶7的弦矢比例。瓦厚1.5厘米，瓦背为0.5厘米间距的粗绳纹。瓦里为直径0.7厘米排列整齐的乳丁花饰。从瓦的尺度来看，比后代的瓦大，而在秦汉瓦中是中等瓦的尺度。

绳纹陶管　按所得残片的弧度复原，其直径为31.2厘米，管壁厚1.5厘米，其长尚不能得知。陶管外壁为粗绳纹，与板瓦相似，但有间距为3.3厘米的横圈装饰。管的内壁也与板瓦里面相似，有圆形乳丁装饰，但乳丁排列不齐整，稀密也不一，按照管子的形状和其他地方出土的类似陶管推断，应是水管。

陶盆残片　看上去似为陶盆之类器物的边口部分，边缘呈唇状，外表有一圈如搓板一样的装饰。按照其弧度推算，器物的上口直径有40厘米。

根据上面的材料和文献记载推测，临洮长城坡长城遗址应该是秦长城的遗址，其理由如下：

第一，城墙的夯筑方法与明长城不同，还是秦汉时期的夯筑方法。

第二，长城口所发现的板瓦、陶管等都是秦代（或战国）的风格，在这高山之上过去很难有居民居住，就算有人居住过，也不会有这样大的板瓦、陶管等建筑构件。

第三，汉长城远在临洮之北，因此不是汉代所修筑的长城。

第四，汉代以后所有王朝都是把政治军事据点的郡、州、府、县的治所设在今临洮的位置，而长城也绝不会在其内修筑的。因此，也不会是汉以后所修的长城。

总括起来，这里既非汉以后所修筑的长城，同时又有秦代的建筑构件发现，它应是秦长城遗址。

玉门关汉长城与烽燧遗址

玉门关在今甘肃省敦煌西北约80公里处。与其南面的阳关为汉代通往西域的南北两个大道。现在，阳关遗址已极少有保存，而玉门关遗址却非常丰富。

一、小方盘

过去中外学者都把小方盘认为是玉门关的关城。近年来，甘肃文物考古工作者在它西面5公里的地方又发现了城堡的遗址。有可能玉门关的关门还在小方盘以西。但小方盘仍属玉门关防御系统中的一部分是无疑的。因为一处关城不是单独的一个关而可能有好几重关。如北京的居庸关就是三个关口，相距15公里。小方盘这里正处于南北两山对峙的夹口之中，疏勒河流经此处，河水不时从地下浸涌出来，成为一个个的小湖泊。

城堡紧靠在一个小湖泊的南岸，这一脉潜流和水泊即古代玉门关之所以设在这里的主要自然条件，它可以供士卒饮用，可以饮马和其他牲畜。长城即在其北面2.5公里多的地方东西伸展，保护着这片水草和玉门关。城堡的其他建筑已毁，仅存土筑堡子一个。

堡子平面四方形，东西长23米，南北长23.6米。堡墙甚厚，顶厚2.8米，下基的外皮虽已破坏了一部分，但尚存3米左右的厚度，根据收分推算，原来堡墙基可能有5米左右厚。堡墙现在高度为10.9米，有显著的收分。墙用黄土夯筑，夯层平均厚约8厘米。夯筑的方法是交接式的，没有竖的接缝。堡子内部由于千余年来的堆积已被秽土填高，原来的基础可能要比现在低。

二、玉门关长城的布局与构造

出玉门关的西门沿着长城的内侧西行，这条大路往西一直可到罗布泊，即古代所称的盐水、盐泽。

这里保存的长城虽不算很完整，但整个的气势还可以看出来。最高的一段在靠近当谷燧的东面约300米处，现存的城墙高达3.4米，厚达4米多。城墙的构造与山海关、居庸关、八达岭等处用条石、城砖砌筑的长城，和山西、陕西、宁夏、内蒙古等地用黄土夯筑的长城都不同，它是用流沙、散石、芦苇或红柳枝筑成的。这种结构的长城，从建筑原则上来说可算是发挥了因地制宜、就地取材、克服困难的能事。因为在玉门关这一带全是流沙、小石子，当时的守城将士和工匠们便利用了当地沙滩、水泊里所出产的芦苇或红柳枝条和沙粒小石子来修筑城墙。其修筑的方法从现在所存的实物看得很清楚，即在沙漠中选择好有利的地形之后，先挖一个不深的基础，铺上芦苇（或红柳枝），然后铺上一层沙粒石子，在沙粒石子之上又铺芦苇，这样层层上铺，高达数米。每层芦苇的厚度平均是4—5厘米，沙粒石子的厚度是20厘米。从现存遗物看出，沙粒石子已经压实，不易破坏，有些沙石与苇枝黏结在一起，相当坚固。

三、玉门关的烽燧

站在玉门关城堡之上看见在长城的内外还保存着许多突起的烽燧遗迹。

当谷燧在玉门关的西面，距玉门关约8里，紧靠着长城的里面。燧的平面为四方形，主体建筑为一个高起的望楼。望楼的东南有数间小屋的遗址，应当是燧长戍卒居住的地方。在小屋的里面靠着望楼有阶梯可以登上，即戍卒上楼瞭望和报警用的。

望楼的外形是一个四方形的土台，基础正方形，每边长7.8米。土台高残存7.8米，上小下大，有明显的收分。土台的构筑方法与长城相同，也是用芦苇与沙粒石子层层铺筑的。在望楼顶上的西面，现在还保存了好像是挑出的木梁，可能就是作为瞭望和燔薪用的。在望楼的结构中特别引人注意的是登上望楼的阶梯踏步，因为阶梯承受登楼的力量很大，踏步的棱边最易被踏坏，如果仍用芦苇沙子铺筑，绝不能承受上楼脚踏之力。因此，采用了数十层纤维粘叠而成，厚达10厘米以上，非常坚实，现在还有好几个踏步保存完好。

在敦煌玉门关城堡内和长城附近的烽燧遗址中，18世纪后期所谓探险家斯坦因等人，曾挖掘了许多汉代木简，在简上记载着许多关于玉门关与长城、烽燧等的情况。过去一些学者曾做过许多考释，对汉代玉门关长城、烽燧等有了进一步的了解。大体情况是这样的：郡是当时的地方政治军事据点，郡以下设都尉，都尉相当于县的等秩，直接受太守的指挥。都尉之下设候官，候官仿照县的组织而略小，是管理烽燧的基本组织。候官以下设候，置候长，管理几个烽燧，其等秩相当于乡啬夫。燧是最基层的组织，专司本烽燧的守望职责，设燧长，其秩位相当于亭长。

玉门关这里即敦煌郡所辖玉门都尉的所在地，玉门都尉以下分设了大煎都候官和玉门候官，以下又有西部、北部、玉门、虎猛4个候和广昌、厌胡、凌胡、大煎都等15处燧，守卫着所辖的长城。

玉门关烽燧的分布大约有3种情况：一种是沿着长城的，它们大都是靠在长城的内外。一种是在一定距离设置，它们连成一线而没有城墙，如自玉门关外至蒲昌海这一段，即只有燧亭而无长城。还有一种则是联系郡城或其他政治军事据点的烽燧，隔一定路程设一个，如从玉门关到敦煌之间现在还保存的一些烽燧遗址。烽燧的建筑形式大约是这样的，它主要的建筑物是一个望楼，作为瞭望敌情、传递消息之用。望楼下面有戍卒居住的房屋，有些望楼旁边还有羊马圈、仓库、武器库等建筑。汉代望楼大多是方的，呈上小下大的锥形，高约12米，结构有用土筑的，也有用芦苇或红柳枝与沙粒石子叠筑的，看就地出产材料而定。

烽燧的主要任务大约有4项：第一是防守所在燧的安全，瞭望敌情，传递敌情消息。第二是保卫屯田。第三是检查和保护来往的客商使旅。第四是支援附近的郡县防务。每个燧的人数大约在五六人，少的是3人，多的可到30人左右。每燧有燧长一人至数人，戍卒中必须以一人经常守望，其余的人做积薪、炊事和其他的防务。今以一块敦煌汉简中写的为例，即可看出当时传递敌情的情况：

望见虏一人以上入塞，燔一炷薪，举二烽，夜二炬火。……虏五百人以上，若攻亭障，燔一炷薪，举三烽，夜三炬火。……昼举亭上烽……

关于汉代烽燧的情况，自罗振玉、王国维等人将敦煌汉简考释之后，已有人做过不少的研究，提供了许多资料。

关于玉门关及河西长城的建筑历史，《史记》《汉书》上已记载甚详。汉武帝元鼎六年（前111年）已完成了武威、张掖、酒泉、敦煌4郡的建置工作，元封二年（前109年）已从酒泉列亭障至玉门，太初四年（前101年）已从玉门列亭障至盐泽，前后不到10年的时间，2000多里长的河西长城的建筑工程，即告完成了。现存的玉门关长城、烽燧的遗迹，即2000多年前汉武帝时期的遗物。

青海长城

20世纪50年代我考察长城、收集长城资料的时候，一直没有注意到青海的长城。其他介绍长城的读物中也少有提到青海有长城，于是青海几乎成了长城的空白。但实际上青海确实有长城，而且还保存了许多长城的遗址和遗存。

20多年前，长城学会筹备的时候，老红军王定国就告诉我，她在长征过川藏青海的时候就看见过长城。10多年前我曾在瑞士一家博物馆的图书馆里，看见过一本100年前外国人考察中国长城的英文书，上面有“西藏长城”的记录和简略地图，《中国长城》这本书的第二十三章《长城西藏段——快马加鞭进入西藏》中说：“我们的马队如履平地一路飞奔，来到上新庄，在那里我们爬上著名的长城遗迹，我们对这些遗迹都进行了测量、照相和研究。这个地方的长城被人们分别称作边墙、长墙或五岭墙，后者是指它翻过5个山脉。长城循着小丘关口一直抵达一个叫家亚的地方……在塔尔寺东南10里处，长城的废墟厚度达10英尺，高度达20英尺。……我们很乐意提醒测绘学家们，注意长城的西藏段，也许这可以使我们很自豪地为中国地图增添200英里长的长城。”其位置正是在青海境内，现在青海海北藏族自治州、西宁市大通剑黄南藏族自治州之间，地图上的名称为“Tibet great wall”，指的可能就是这道长城。

10多年前，因参加塔尔寺的维修工程，我经常去青海，特意安排了一次对青海这一鲜为人知的藏区长城的考察，做了一些简单的测绘和摄影，可惜未能及时地加以整理写出报告来，有些资料也遗失了，现仅就记忆做一简略的介绍。

据历史文献记载，这一段长城是明代开始修筑，清代仍然加以利用，并加以大量的修缮，设重兵防守。清朝初年在大通曾设了军区司令的“镇”，总兵驻守。其目的是为了防羌族的侵扰。

此段长城（边墙）由大通与西北去的甘肃镇长城接界开始，经由西宁、湟中到黄南藏族自治州境内，长约五六百里。

（一）大通长城城墙与城堡

位于大通回族土族自治县西南桥头镇山岭之上，向西南方向伸展，城墙为土筑，夯土层厚20厘米左右。现存城墙已断续不齐，最高段落高约6—7米，厚约5—6米，甚是雄伟壮观。

在大通附近长城沿线的城堡很多，我们到了一处规模较大的城堡考察，此城堡虽已残破，但还可以看出当年的气势来。城堡建据在一个山岭之上，四望空阔，合乎兵书上规定据险、瞭望、传递军情的要求。堡内有残存的烽火台（烟墩）、堡墙与羊马圈等的建筑遗址，想当年这里驻守的兵员较多。

（二）湟中五烽烟墩

我们从西宁驱车往湟中的大道上，放眼可以看到高山峻岭之间有许多断续的残垣和相望的烽火台（烟墩），在远处山岭之上有一个规模甚大的烽火台，估计高有10米以上，周围同样有堡墙和人、马居住的建筑遗址。最值得注意的是在它的右侧，还保存着整齐排列的5个燃放烟火的墩灶，根据烽火制度上所规定的按照来犯敌人的多少燃放烟火的数量的实物。像这样的遗物在嘉峪关等处尚有一些，但保存如此整齐完好者，也已不多，甚是可贵。

像这样的城堡和城墙在贵德和黄南地区还保存不少，但由于在清康熙、乾隆平定了准噶尔、大小金川之后，蒙、疆、青藏已趋安定，采用了怀柔政策，这一藏区长城就未多修缮，且又多为土筑，现大多为残存建筑或遗址了。

青海长城遗址过去也称边墙，与甘肃镇“九边”构成一个防御体系，但在羌藏地区又具有少数民族地区建筑与文化内涵的民族和地区特色，非常重要，建议进一步加以详细地勘查研究。

湘西边墙（南方长城）

在位于湖南湘西土家族苗族自治州与贵州铜仁市、松桃苗族自治县交界处的广大地区，自古居住着不同生活、生产方式的苗族部落同胞，一部分是湘西凤凰、乾州等地的以农耕为主的苗族部落同胞，一部分是居住在铜仁、松桃等地山区的以狩猎为主的苗族部落同胞。过去曾经把他们称为“生苗”和“熟苗”。这两部分苗族部落同胞由于生产、生活方式的差异，经常发生冲突。在当时的历史情况下，湖南湘西的熟苗比较归顺朝廷，而贵州铜仁等地的所谓生苗则是反抗朝廷的，因此朝廷为了保护湘西农耕地区归顺朝廷的苗族，防止铜仁地区生苗的侵袭，便采用了像北方防止游牧民族侵袭的方式，修筑长城以为防御。当时也称之为边墙。

根据明代史料和志书记载，湘西边墙始建于明万历年间。在《湖南通志》引清奏案上记载说："康熙三十九年（1700年）湖广总督郭琇上疏言：辰州西南一带……惟藉镇筸一协兵威弹压。其地上接贵州铜仁……地广五百余里，险隘四十余处。明时沿边修筑土墙三百八十余里，分防军屯七千八百人，边民犹受其患。"这个奏疏的目的是要求朝廷增加湘西的边防力量的，却说明明朝已在这里修筑了边墙和布防的情况。

为了保卫这一地区人民生产、生活的正常进行和地区的安定，康熙皇帝、清政府十分重视，不久便增修了许多城堡、关隘、碉卡城墙，继续加强驻军防守，现存的黄丝桥古城的城墙、城楼和营房等大多是清康熙四十三年（1704年）开始不断修筑、增建的。

2000年4月间，我和国家建设部、国家文物局的专家与领导，为了湖南湘西土家族苗族自治州凤凰县申报历史文化名城的考察，来到吉首和凤凰县。我因为在几十年前对长城进行研究，查考历史文献时就发现过“湘西边墙”的记载，因为交通不便，未曾来考察过，趁此难得的机会，与同行领导和同志们商议，对此边墙进行了初步考察，发现了这段边墙完全符合长城与一般城墙不同的3个定义，一是长达数百里，二是不封闭交圈，三是有一套由城墙、关隘、烽火台（称碉卡）、营寨等构成的完整军事防御工程体系和相应的军事组织机构。为什么多年来一直未能把它列入长城之列呢？主要是因为它在历史文献记载上称为边墙。其实明代北方所有的长城都称为边墙，并把它分为9个军事防御区，《明史》上称之为“九边”，9个军事防御区称为“九边重镇”。现在的北京居庸关、八达岭、慕田峪、司马台，河北山海关，甘肃嘉峪关等长城，《明史》上都称之为边墙。湘西边墙与八达岭、山海关等边墙同样应称作长城就不言而喻了。于是湖南省、州、县的文化文物等有关部门，对湘西边墙又进行了详细的实地考察研究，这一南方长城的长度较之原来历史文献记载的380多里又增加了达600多里，几乎增加了一倍。

为了对这一罕有的南方长城的保护和发挥其文物的作用，当地政府在省、州主管部门的领导与支持下，发展旅游事业，将凤凰县境内的重点部分的城墙、碉卡、城堡、古城等加以抢险维修，配合旅游设施，已于2001年5月修复竣工开放，接待广大国内外游人，发挥了社会与经济的两个效益。

600多里的湘西边墙都还存在，有迹可寻，但由于交通不便，为安全和保护起见，经过修缮开放可去的有3个景点。

（一）凤凰古城

现已被国务院公布为国家历史文化名城，她是一座美丽的古城，古城的城墙、城楼、古街巷、古道、古桥、古塔、古民居、吊脚楼、老字号、庙宇寺观、名人故居等非常之多，独具特色的地方音乐舞蹈、服饰、民俗风情、自然风光、土特名产等非物质文化遗产也非常丰富。此古城在明清时期曾经是湘西边墙600多里长城的军区司令部，称镇筸一镇，有如北方九边重镇的蓟镇、大同镇、宣府镇一样，管辖着这一军区的防务。在这里和黄丝桥都曾设置过“凤凰厅”这样的特殊行政建制，以提高其行政区划地位。

（二）营盘岭碉卡

此碉卡位于凤凰县城西去黄丝桥古城的途中，大道小溪旁之半山山冈上。因过去曾有边墙城堡，甚是险要，驻军也多，被称为营盘岭。碉卡如北方长城之城堡，有烽火台和驻军之营房遗址。沿着碉卡有城墙修到山岭之上，与长城（边墙）相连，形成一个完整的防御工程体系。

湘西边墙的修筑，也如北方居庸关、八达岭、山海关边墙一样，其墙身、碉卡（相当于烽火台）皆为就地取材，有土筑也有石砌，因多在山上，以石砌为多，且多为不整齐的块石砌筑，其实北方长城早期在戚继光增修之前也大多是不整齐之块石砌筑的。从现存的城墙、碉卡看，有的高达10多米，仍然挺拔壁立，其块石砌筑水平之高仍然令人钦佩。

在碉卡、城墙对面山冈上有一保存完整、布局周密的山寨村落，拾级而上进入寨门之后，两旁房屋庭院依山构筑，井然有序而又有变化。寨墙房屋也均多石砌，绿树成荫，景色幽美。

（三）黄丝桥古城

从营盘岭碉卡西行即可到达黄丝桥古城，黄丝桥古城正处于湘黔交界之处，是通往贵州铜仁的要道。古城是湘西较早的城市，唐垂拱二年（686年）时建城已有1300多年的历史。现存的黄丝桥古城是清康熙四十三年（1704年）修筑，不断完成的，这一古城的修建正是康熙三十九年（1700年）湖广总督郭琇奏疏上要求加强湘西防务的结果。现存的黄丝桥古城保存甚是完好，城楼高峙，城墙坚固。城墙周长686米，东西153米，南北190米，总面积约2.9万多平方米。城墙高约6米，厚3米左右。城墙用整齐的条石方石砌筑，十分坚固，有固若金汤之感。城内街巷井然，还保存了当年驻军的营房、仓储、马舍等建筑的遗物、遗址，人们可从梯道登上城楼，并可从城墙上绕行观看城内外的景色。

黄丝桥古城较之北方长城的嘉峪关关城规模更大，较之山海关关城城墙还更完整，而且独具苗疆少数民族地区的建筑和文化内涵特色，甚是难得。湘西边墙从它的北边延伸到贵州铜仁地区，这一边墙不仅保护了当时的湘西地区，也保护了当时贵州部分苗族人民生产、生活的安定。

湘西边墙和北方边墙一样，过去民族间矛盾斗争的历史已成过去，今天它和八达岭、山海关长城一样作为南方长城，成了世界七大奇迹之一——中国长城的一部分，成为人类共同的财富，应把它保护好，发挥好它的作用。

这一段600多里的湘西边墙，因为与长城联系起来而鲜为人知，就如现在北方长城的北京八达岭、河北山海关、甘肃嘉峪关一样，人们只知其为长城而不知其曾称边墙。当时我们考察完了之后曾有小诗一首：

都说长城在北方，
岂知南国有长墙。
凤凰城外营盘岭，
碉卡巍巍壮西湘。

附录　中国古代长城南北的文化对话与交流①

长城不仅是中国10多亿人口中众人该知的事，就是世界上知道中国长城的人也是非常之多的。在几百年前，中国的长城就与罗马大角斗场、比萨斜塔、索非亚大教堂等被列为中古世界七大奇迹之一。1961年起，长城的许多重要关隘和城墙被列为中华人民共和国国家重点文物保护单位。1987年，长城被列入世界文化遗产名录。25年前第一个登上月球的美国宇航员阿姆斯特朗宣称，他在太空回望地球时，中国的长城是他能看到的地球上最明显的两处人工构筑物之一（另一处是荷兰的围海大堤）。长城作为中国悠久历史文化的见证，它比其他任何一件东西都要珍贵，它所包括的内容特别丰富。尤其是围绕着它所发生的南北的文化对话与交流，其内容之丰富、意义之重

① 罗哲文先生于1994年九十月间，应瑞士人类与社会科学院的邀请参加国际学术研讨会，并在会上发表此论文。

大，是莫能与之相比的。过去，虽然不少中外专家学者对中国南北文化做过不少研究，对长城做过不少考察研究，但对长城在中国文化的南北对话与交流，尚少有专论，今特趁瑞士人类与社会科学院在苏黎世（Zurich）鲁什利肯（Ruschlikon）召开南北文化对话研讨会之机，写了这篇论文，提供研讨。现分下面几个章节：

一、关于中国长城的简单情况介绍

要研讨长城南北的文化对话与交流，首先必须对长城的修筑历史背景和它的建筑状况做一番了解，方能进行论述。

（一）人类历史上修建时间延续最长的建筑工程

在许多人的心目中，不仅是外国人，也包括一些中国人，他们以为长城是一个朝代所修的。一般都说是秦始皇修长城，实际不然，长城是许多个朝代所修筑的。从开始到结束，经历了20多个诸侯国家和封建王朝，从公元前8世纪的春秋战国到清王朝中期以后才结束，一共延续了2000多年的时间。修筑的时间大约可分作两个阶段。第一个阶段是秦始皇以前，公元前8世纪到公元前221年的500多年。当时中国分为许多诸侯小国，其中较强的诸侯如楚、齐、燕、秦、韩、赵、魏、中山等都修筑长城以自卫。这时期的长城或南北，或东西，或斜向，方向不一，根据防御需要而定。第二个阶段就是秦始皇和他以后修筑的长城，总的方向是东西向的。秦始皇以后的许多个朝代的长城总的方向也是东西向的，计有秦、汉、北魏、东魏、西魏、北齐、北周、隋、辽、金、元、明、清等10多个王朝。自公元前221年到公元18世纪，经历了2000年的时间。如此长时间延续修筑的工程不仅在中国，在世界上也堪称是绝无仅有的，说是人类历史上延续修筑时间最长的建筑工程，并不夸大。

（二）人类历史上最大的古代建筑工程

过去曾有不少外国人，包括一些中国人，都以为长城只有一万多里（5000多公里），至今在一些外国书刊上介绍中国长城还是2500公里或1500多英里，与长城实际的长度相差很大。根据文献记载和实地考察，把每一个朝代修筑的长城的长度相加起来，总计在5万公里以上。有人做过初步的估计，如用历代修筑长城的砖石、土方来修筑一道高5米、厚1米的大墙或一条宽5米、厚40厘米的马路，那么这道大墙可绕地球三四十周，这条马路可绕地球100多周。其工程量之大，可想而知。此外，长城还包括了上万座烽火台、上千座关口、上百座大小城堡和军营，其规模之大，不仅在中国历史上少有，在世界上也是绝无仅有的，是人类历史上最大的古代建筑工程，并不夸大。

（三）长城的特点

中国长城的特点，除了它延续修建时间之长和工程量之大外，它的特点是：第一，它与一般城市的城墙不同，不是封闭的，只是从防御的一个方向修筑。第二，长城与一般城市不同，它不是一个点而是一个覆盖上百万平方公里的防御体系。第三，长城有一个用光和烟气传递军情信息的通信系统，以上万个烽火台组成，长城沿线和长城内外数千里的军情顷刻可以得知。在古代未有电信时代，堪称神速。第四，长城的一个重大特点就是城墙的长度不等，少的有几百公里，多则有几千上万公里，所以称之为长城。

（四）多民族修筑的长城

中国自古是一个多民族的国家，除汉族之外，还有许多个民族都曾统治过中国的全部或大部分。当他们当上了皇帝，统治了中国的时候，为了保卫统治的安全都要修长城。过去一些外国人和中国人认为长城只是汉族用来防御中国其他民族的，是一种误会。只要我们统计一下就会发现，历史上少数民族修长城的朝代比汉族统治的朝代要多得多，就可以明白了。

（五）长城是安定与和平的保障

自公元前8世纪诸侯国家修筑长城以后，历时2000多年，许许多多个朝代的皇帝都要耗费巨大的人力、物力、财力修筑长城，其原因就是长城是一个防御性的工事，能保卫国家的安定，保障人民能够过和平的生活。只有安定了，才能发展生产、繁荣经济和文化。过去，中国历史上有许多人对修长城提出批评意见，特别是对修筑长城中的暴力行为、苦役有严厉的批判。但是，对长城是一种防御工事这一客观的事物，是无人能否定的。

还有一些中外人士认为长城是中国的“国界”，或是“闭关锁国”，限制自己的看法，都是不符合事实的。我们只要考察历代长城的情况，就可发现在长城以外几百公里甚至上千公里还有当时的军事、行政机构就可以明白了。长城并未限制过内外的人民进出，就是在战争时期也还有人来往。特别要提出的是，公元前2世纪汉武帝时期所修的河西（黄河以西）长城，沿着丝绸之路修建，有力地保护了这条对外开放的大道，其保障安定与和平的功能，十分明显。

二、中国古代围绕着长城南北的文化交叉对话与文化交流的考古发现和重要的文物遗存

不同的地区、不同的自然条件、不同的民族、不同的风俗习惯、不同的国家，甚至在一个国家之内都会产生不同的文化，这是一个客观的规律。不同的文化正是人类丰富多彩的生

活的体现。如果没有不同风格的文化的存在和发展，人类的生活将是单调的、枯燥的、乏味的。然而这些不同风采的文化又是彼此交叉的、交流的，相互影响、相互促进，达到新的繁荣、新的发展。不仅如此，文化的交流还能促进人们之间友谊的增进，民族的和谐，国家的统一，政治和经济的发展。

在中国这块土地上，从远古的人类的祖先猿人时期就居住在这里，“北京猿人”已有50万年的历史，最近在四川巫山县发现的“巫山猿人”牙齿已有200多万年的历史，是一个重大的考古新发现。当时人们的文化生活情况还不很清楚。自公元前3000年在中国文字记载的历史上，就记载了炎帝和黄帝两个大部落联盟的首领在中国南北开发，创造中国原始文化的事迹。这两个首领的坟墓一个在北方的陕西省（黄帝陵），一个在南方的湖南省（炎帝陵）。以后历夏、商周、春秋、战国许多个朝代，中国南北的文化对话与交流都始终不断在进行着。在今天的广州发现了西汉初期（公元前2世纪）由北方去当南越王的赵佗的墓，墓中出土了许多珍贵的文物，是当时北方文化与南越本地文化交叉融合的历史见证。到了公元四五世纪，居住在长城线上的北方民族南下统治了中原，中原地区的汉族和其他民族大举南迁，把北方文化带到了中原，又把中原文化带到了南方海边，形成了文化的南北大交叉、大对话、大交流。当然，当南方民族统治者当上皇帝，向北开发的时候，又发生了与北方文化的大交叉、大对话、大交流。如此2000多年延续不绝，形成了中国多民族丰富多彩的文化和整体的中华文化。

公元前221年，秦始皇合并了其余6个强大的诸侯国家，建立了中国历史上第一个中央集权的封建制大帝国。他除了实行统一文字、统一度量衡、统一车道和尺度等之外，还把原来诸侯各自修筑的长城也统一修筑了，修建了一条东西向的万余里（5000多公里）的长城。这条长城虽经历代重修并不完全在原来位置，但总的方向仍然是东西向的。除了它的防御功能之外，在文化上始终构成了一条南北文化对话与交流的纽带。2000多年来一直不断在长城南北活跃地进行文化对话与交流。以长城为载体的长达万里的南北文化对话与交流的纽带，虽然在公元前221年秦始皇统一中国时才形成，但在此以前，诸侯国家所修筑的长城也已经开始了文化的对话与交流。在此以后，历代王朝所修的长城进一步地发展了南北文化交叉、对话与交流的活动。在长城南北大量的考古发现和保存的遗迹、出土文物都证明了这一事实。现仅举数例于下：

（一）赵武灵王时期长城南北文化的大对话、大交流

赵武灵王是公元前4世纪战国时期诸侯赵国的君主，他修筑

了两道长城，长达1000公里，有一道长700公里的东西向长城，就是防御北方胡人的游骑入侵的。他是一个著名的改革开放家，他对胡人的骑射和短紧轻便的服装非常重视，曾下令让他的部下大胆引进长城以北胡人的衣冠服装和学习骑马射箭的本领，结果使赵国的防御力量增强，国家安定。胡人也从长城以南学得了中原地区许多先进的文化，这一早期长城南北文化的大对话、大交流，对2000年来中华文化的繁荣与丰富起到了非常重要的作用。赵武灵王这一“胡服骑射”的改革开放政策，写入了中国历史的重要一页。

（二）秦汉时期长城南北文化的大交叉、大对话、大交流

公元前3世纪—公元2世纪，在这500年间，是修筑长城较多的朝代之一，秦始皇修了一万多里，汉代又修了两万多里，共有两万公里之长。这时期又是长城南北各民族文化大交叉、大对话、大交流的时代。在近些年来长城南北发现的秦汉时期的文物中生动地说明了这一情况。在河北北部地区发现了许多秦权（权即如近代天平的砝码）、诏版，说明当时把秦始皇统一国家的措施传到了长城北部。在内蒙古自治区和林格尔发现的一座东汉时期的壁画墓中，反映了一个当年派往这里做官的官员从中原出发到这里所经过的路程，以及他在这里的官署和城市等建筑及生活情况，把中原地区的文化传到了辽远的长城

边区。近些年来在内蒙古自治区发现的战国时期的匈奴金器、青铜器非常珍贵，说明了多种文化在这里交叉、对话、交流。多年来一直不断在长城、烽燧、关城遗址中发现大量的简牍文书，在木版、竹片上写着当时长城防守和保卫“丝绸之路”的情况。在西部长城南北文化的对话与交流也十分活跃。非常有趣的一件事是东汉末年的一次匈奴入侵汉朝的战争中，他们虽然被打走了，但虏走了许多财物和人口，其中有一名很有文才的女子蔡文姬，被匈奴单于娶为夫人，生下子女。后来她又回到了汉朝。这位女诗人把汉朝的文化带到匈奴，又把匈奴文化带到汉朝。而且因为她之故，匈奴的一部分（南匈奴）归顺了汉朝，把匈奴的这部分人连同文化融会到中华文化之中。现在，中国陕西、甘肃、新疆等省区的文化之中还可以看到这种文化交流的痕迹。早些时候，在汉朝中期有一位被皇帝封为妃子的王昭君（名嫱）嫁给了长城以北的单于为夫人，把汉文化带到了匈奴。她的坟墓还在今内蒙古呼和浩特市，受到各族人民的尊重。

（三）南北朝时期长城南北文化的大交叉、大对话、大交流

386年—589年，在中国历史上出现了一个南、北两个王朝分立的局面，出现了长城南北和大江南北政治、经济文化的大交叉、大对话、大交流，这种情况在长城南北尤为突出。公元4世纪，长城以北以游牧骑射为业的鲜卑族拓跋部继匈奴之后

猛然兴起，于386年建立了一个强大的北方王朝，统治了中国北方大部分地区，政治、经济、文化都非常发达。北魏的都城一再南迁，先由今内蒙古迁到大同，后又迁到了中原文化的中心地区——河南洛阳。为了保卫国家安全，于公元5世纪大修长城。其后的东魏、西魏、北齐、北周几个王朝也修长城。北朝各少数民族统治的朝代，围绕着长城南北的多种文化的复杂交叉、对话与交流，呈现空前繁荣的情况，尤以北魏统治的时间最长，国力强盛，至今留下了十分丰富的文化宝藏，长城沿线的许多艺术宝库如敦煌石窟、龙门石窟、云冈石窟、麦积山石窟至东北地区的万佛堂石窟等大多是北魏时期开凿的。与此同时，南方的文化也不断经过文化交叉、对话与交流传到了北方。近年来在内蒙古发现的嘎仙洞石刻，以汉文记述了北魏王朝兴起的经过，是一个很好的证明。在大同发现的石刻砚台和漆画屏风，都是南北文化交流的证据。从南北朝长城南北并扩展到长江南北的文化大交叉、大对话为后来唐代中国文化的发展高峰创造了条件。

（四）辽、金、元时期长城南北文化的大对话与大交流

907年—1368年，出现了长城以北的几个少数民族耶律氏、完颜氏、孛儿只斤氏相继建立的辽、金、元三个强大的王朝，统治了中国的大部或全部地区。元朝的疆土曾一度横跨亚欧大

陆，震动了世界。这3个朝代都大修了长城和关隘。金代长城长达万里（5000公里），为历代长城中规模较为宏大者之一。元朝大修居庸关，关城的范围比今天保存的明代居庸关还大。最为值得重视的是现在还保存在居庸关内的一座雕刻十分精美的建筑物“云台”。它原是一个过街塔的大理石座子，在元朝灭亡后上面3座藏传覆钵式塔已毁，只剩下这个台子。云台的雕刻非常精美，均为佛教题材，佛像、菩萨、天王、法器图案等布满了券洞门的内外。其中有汉、蒙、西夏、梵（古尼泊尔文）、藏、维吾尔等6种文字的佛经石刻，说明了文化大交叉、大对话、大交流的事实。另一个辽、金、元3个朝代南北文化对话、交流的遗迹是今天北京城位置的辽、金、元三朝的首都辽南京、金中都和元大都，现在北京还保存着这3个朝代留下的古建筑和文物。广安门外的天宁寺塔是辽南京的遗物，已有800多年的历史。意大利人马可·波罗曾在700年前生动地描绘了金代修建的卢沟桥，把它介绍到世界各国。元大都的规划和建筑是一个十分成功的南北文化交流的杰作。大都城周围有28.6公里，是按照3000年前周代《考工记》上皇宫居中、面朝后市、左祖右社的制度规划的。但是在皇宫中和城市内又大量地带来了长城以北草原民族文化的特点。现存的一座大型藏传覆钵式塔又是尼泊尔工匠阿尼哥所设计监修的。元朝还在长城以北修建了“上都”，作为帝王们回到草原休息生活之所，又把南方的文化带到北方去。辽、金、元3个朝代南北文化不断对话、交流的结果，使元代的文学、艺术有了新的发展。被称作唐诗、宋词、元曲的三种文学形式，在中国文学史上占有重要的地位。元代戏剧使中国的舞台艺术发展到一个新的阶段。近年来，在内蒙古自治区发现的元代瓷器说明了中国瓷器发展历史过程中的新阶段、新特点。

（五）明长城的商贸南北交流促进了长城南北文化对话与交流

明朝是大规模修筑长城的一个朝代，自明洪武初年（1368年）至灭亡的崇祯（1644年）中的200多年间，都在不断修筑长城。很多地段的长城和关口都用砖修筑，在墙上加建敌楼和障墙，使长城的防御能力更加强。现存较好的长城大多是明长城。虽然长城是军事防御设施，但战争时期必然短暂，和平时期毕竟长久。由于长城的关口地点大都设在南北交通的要道上，关口地点必然要有城堡、驿站、旅舍等设施，为商贸往来提供了方便。守长城的士兵也为商旅的安全提供了保障。明长城以北，当时主要是蒙古族的游牧业经济，盛产牛羊、毛皮、马匹等。长城以南则以农业和手工业为主，农产品和手工业产品非常丰富。南北经济正需要通过市场互补，开放相互交易的市场。明朝政府适应了这一需要，特在长城沿线开放了“互市”，以繁荣长城南北的商贸经济和满足长城南北人民与政府的需要。“互市”有马市、茶市、茶马市等等。互市市场分官办和民办两种，政府都派军队加以保护。互市市场在长城沿线有数十处之多。通过市场的经贸活动，同时也带来了长城南北的文化对话与交流。长城以北的草原文化，骑马、射箭、摔跤、歌舞、音乐通过长城沿线的经贸互市传到了长城南面的许多城镇，传到帝都北京以及全国许多城市。长城以南的文学作品、诗歌、戏剧、绘画、工艺美术、手工业技艺等也通过长城沿线的开放市场，传到了长城以北。此外还有官方的“通贡”，就是蒙古部落首领向明朝皇帝进贡，明朝皇帝的回赠，以及戍守和修筑长城的将领士兵们的轮换，也大量地进行文化对话与交流。与此同时，通过文化的对话与交流，不仅丰富了南北文化的内容，而且也回过头来促进了长城南北经济的繁荣发展。

三、结论

长城，这一2000多年一直起着安定、和平、保障作用的防御工程，除了发挥其主要的防御功能之外，还起着南北文化交叉、对话与交流的纽带的作用。文化是社会政治、经济和其他各种现象的反映，但它同时又反过来促进政治、经济的发展。通过文化的对话与交流，可以促进经济繁荣和政治和解。长城这一南北文化交叉、对话与交流的历史事实充分证明了这一点。

当今世界，在不少地区，曾因某些政治的原因、人为的因素，发生南北对峙或曲折对峙，它不仅妨碍了政治、经济的安定和发展，而且也不利于文明的进步。

通过南北文化的对话与交流，促进政治的和解与经济的繁荣与发展，对今天来说具有十分重要的意义，我想这次研讨会的意义也正在于此。

本论文希望以长城南北的文化对话与交流从历史上提供一些借鉴。

国家新闻出版广电总局

首届向全国推荐中华优秀传统文化普及图书

大家小书书目

国学救亡讲演录	章太炎　著　蒙　木　编
门外文谈	鲁　迅　著
经典常谈	朱自清　著
语言与文化	罗常培　著
习坎庸言校正	罗　庸　著　杜志勇　校注
鸭池十讲（增订本）	罗　庸　著　杜志勇　编订
古代汉语常识	王　力　著
国学概论新编	谭正璧　编著
文言尺牍入门	谭正璧　著
日用交谊尺牍	谭正璧　著
敦煌学概论	姜亮夫　著
训诂简论	陆宗达　著
金石丛话	施蛰存　著
常识	周有光　著　叶　芳　编
文言津逮	张中行　著
经学常谈	屈守元　著
国学讲演录	程应镠　著
英语学习	李赋宁　著
中国字典史略	刘叶秋　著
语文修养	刘叶秋　著
笔祸史谈丛	黄　裳　著
古典目录学浅说	来新夏　著
闲谈写对联	白化文　著
汉字知识	郭锡良　著
怎样使用标点符号（增订本）	苏培成　著
汉字构型学讲座	王　宁　著

诗境浅说	俞陛云　著
唐五代词境浅说	俞陛云　著
北宋词境浅说	俞陛云　著
南宋词境浅说	俞陛云　著
人间词话新注	王国维　著　滕咸惠　校注
苏辛词说	顾　随　著　陈　均　校
诗论	朱光潜　著
唐五代两宋词史稿	郑振铎　著
唐诗杂论	闻一多　著
诗词格律概要	王　力　著
唐宋词欣赏	夏承焘　著
槐屋古诗说	俞平伯　著
词学十讲	龙榆生　著
词曲概论	龙榆生　著
唐宋词格律	龙榆生　著
楚辞讲录	姜亮夫　著
读词偶记	詹安泰　著
中国古典诗歌讲稿	浦江清　著 浦汉明　彭书麟　整理
唐人绝句启蒙	李霁野　著
唐宋词启蒙	李霁野　著
唐诗研究	胡云翼　著
风诗心赏	萧涤非　著　萧光乾　萧海川　编
人民诗人杜甫	萧涤非　著　萧光乾　萧海川　编
唐宋词概说	吴世昌　著
宋词赏析	沈祖棻　著
唐人七绝诗浅释	沈祖棻　著
道教徒的诗人李白及其痛苦	李长之　著
英美现代诗谈	王佐良　著　董伯韬　编
闲坐说诗经	金性尧　著
陶渊明批评	萧望卿　著

古典诗文述略	吴小如　著
诗的魅力 ——郑敏谈外国诗歌	郑　敏　著
新诗与传统	郑　敏　著
一诗一世界	邵燕祥　著
舒芜说诗	舒　芜　著
名篇词例选说	叶嘉莹　著
汉魏六朝诗简说	王运熙　著　董伯韬　编
唐诗纵横谈	周勋初　著
楚辞讲座	汤炳正　著 汤序波　汤文瑞　整理
好诗不厌百回读	袁行霈　著
山水有清音 ——古代山水田园诗鉴要	葛晓音　著
红楼梦考证	胡　适　著
《水浒传》考证	胡　适　著
《水浒传》与中国社会	萨孟武　著
《西游记》与中国古代政治	萨孟武　著
《红楼梦》与中国旧家庭	萨孟武　著
《金瓶梅》人物	孟　超　著　张光宇　绘
水泊梁山英雄谱	孟　超　著　张光宇　绘
水浒五论	聂绀弩　著
《三国演义》试论	董每戡　著
《红楼梦》的艺术生命	吴组缃　著　刘勇强　编
《红楼梦》探源	吴世昌　著
《西游记》漫话	林　庚　著
史诗《红楼梦》	何其芳　著 王叔晖　图　蒙　木　编
细说红楼	周绍良　著
红楼小讲	周汝昌　著　周伦玲　整理

曹雪芹的故事　周汝昌　著　周伦玲　整理
古典小说漫稿　吴小如　著
三生石上旧精魂
——中国古代小说与宗教　白化文　著
《金瓶梅》十二讲　宁宗一　著
中国古典小说十五讲　宁宗一　著
古体小说论要　程毅中　著
近体小说论要　程毅中　著
《聊斋志异》面面观　马振方　著
《儒林外史》简说　何满子　著

我的杂学　周作人　著　张丽华　编
写作常谈　叶圣陶　著
中国骈文概论　瞿兑之　著
谈修养　朱光潜　著
给青年的十二封信　朱光潜　著
论雅俗共赏　朱自清　著
文学概论讲义　老　舍　著
中国文学史导论　罗　庸　著　杜志勇　辑校
给少男少女　李霁野　著
古典文学略述　王季思　著　王兆凯　编
古典戏曲略说　王季思　著　王兆凯　编
鲁迅批判　李长之　著
唐代进士行卷与文学　程千帆　著
说八股　启　功　张中行　金克木　著
译余偶拾　杨宪益　著
文学漫识　杨宪益　著
三国谈心录　金性尧　著
夜阑话韩柳　金性尧　著
漫谈西方文学　李赋宁　著
历代笔记概述　刘叶秋　著

周作人概观	舒 芜 著
古代文学入门	王运熙 著 董伯韬 编
有琴一张	资中筠 著
中国文化与世界文化	乐黛云 著
新文学小讲	严家炎 著
回归，还是出发	高尔泰 著
文学的阅读	洪子诚 著
中国文学1949—1989	洪子诚 著
鲁迅作品细读	钱理群 著
中国戏曲	么书仪 著
元曲十题	么书仪 著
唐宋八大家 ——古代散文的典范	葛晓音 选译

辛亥革命亲历记	吴玉章 著
中国历史讲话	熊十力 著
中国史学入门	顾颉刚 著 何启君 整理
秦汉的方士与儒生	顾颉刚 著
三国史话	吕思勉 著
史学要论	李大钊 著
中国近代史	蒋廷黻 著
民族与古代中国史	傅斯年 著
五谷史话	万国鼎 著 徐定懿 编
民族文话	郑振铎 著
史料与史学	翦伯赞 著
秦汉史九讲	翦伯赞 著
唐代社会概略	黄现璠 著
清史简述	郑天挺 著
两汉社会生活概述	谢国桢 著
中国文化与中国的兵	雷海宗 著
元史讲座	韩儒林 著

魏晋南北朝史稿　贺昌群　著
汉唐精神　贺昌群　著
海上丝路与文化交流　常任侠　著
中国史纲　张荫麟　著
两宋史纲　张荫麟　著
北宋政治改革家王安石　邓广铭　著
从紫禁城到故宫
——营建、艺术、史事　单士元　著
春秋史　童书业　著
明史简述　吴晗　著
朱元璋传　吴晗　著
明朝开国史　吴晗　著
旧史新谈　吴晗　著　习之　编
史学遗产六讲　白寿彝　著
先秦思想讲话　杨向奎　著
司马迁之人格与风格　李长之　著
历史人物　郭沫若　著
屈原研究（增订本）　郭沫若　著
考古寻根记　苏秉琦　著
舆地勾稽六十年　谭其骧　著
魏晋南北朝隋唐史　唐长孺　著
秦汉史略　何兹全　著
魏晋南北朝史略　何兹全　著
司马迁　季镇淮　著
唐王朝的崛起与兴盛　汪篯　著
南北朝史话　程应镠　著
二千年间　胡绳　著
论三国人物　方诗铭　著
辽代史话　陈述　著
考古发现与中西文化交流　宿白　著
清史三百年　戴逸　著

清史寻踪	戴　逸　著
走出中国近代史	章开沅　著
中国古代政治文明讲略	张传玺　著
艺术、神话与祭祀	张光直　著
	刘　静　乌鲁木加甫　译
中国古代衣食住行	许嘉璐　著
辽夏金元小史	邱树森　著
中国古代史学十讲	瞿林东　著
历代官制概述	瞿宣颖　著
宾虹论画	黄宾虹　著
中国绘画史	陈师曾　著
和青年朋友谈书法	沈尹默　著
中国画法研究	吕凤子　著
桥梁史话	茅以升　著
中国戏剧史讲座	周贻白　著
中国戏剧简史	董每戡　著
西洋戏剧简史	董每戡　著
俞平伯说昆曲	俞平伯　著　陈　均　编
新建筑与流派	童　寯　著
论园	童　寯　著
拙匠随笔	梁思成　著　林　洙　编
中国建筑艺术	梁思成　著　林　洙　编
沈从文讲文物	沈从文　著　王　风　编
中国画的艺术	徐悲鸿　著　马小起　编
中国绘画史纲	傅抱石　著
龙坡谈艺	台静农　著
中国舞蹈史话	常任侠　著
中国美术史谈	常任侠　著
说书与戏曲	金受申　著
世界美术名作二十讲	傅　雷　著

中国画论体系及其批评	李长之　著
金石书画漫谈	启　功　著　赵仁珪　编
吞山怀谷 ——中国山水园林艺术	汪菊渊　著
故宫探微	朱家溍　著
中国古代音乐与舞蹈	阴法鲁　著　刘玉才　编
梓翁说园	陈从周　著
旧戏新谈	黄　裳　著
民间年画十讲	王树村　著　姜彦文　编
民间美术与民俗	王树村　著　姜彦文　编
长城史话	罗哲文　著
天工人巧 ——中国古园林六讲	罗哲文　著
现代建筑奠基人	罗小未　著
世界桥梁趣谈	唐寰澄　著
如何欣赏一座桥	唐寰澄　著
桥梁的故事	唐寰澄　著
园林的意境	周维权　著
万方安和 ——皇家园林的故事	周维权　著
乡土漫谈	陈志华　著
现代建筑的故事	吴焕加　著
中国古代建筑概说	傅熹年　著
简易哲学纲要	蔡元培　著
大学教育	蔡元培　著 北大元培学院　编
老子、孔子、墨子及其学派	梁启超　著
春秋战国思想史话	嵇文甫　著
晚明思想史论	嵇文甫　著
新人生论	冯友兰　著

中国哲学与未来世界哲学	冯友兰　著	
谈美	朱光潜　著	
谈美书简	朱光潜　著	
中国古代心理学思想	潘　菽　著	
新人生观	罗家伦　著	
佛教基本知识	周叔迦　著	
儒学述要	罗　庸　著	杜志勇　辑校
老子其人其书及其学派	詹剑峰　著	
周易简要	李镜池　著	李铭建　编
希腊漫话	罗念生　著	
佛教常识答问	赵朴初　著	
维也纳学派哲学	洪　谦　著	
大一统与儒家思想	杨向奎　著	
孔子的故事	李长之　著	
西洋哲学史	李长之　著	
哲学讲话	艾思奇　著	
中国文化六讲	何兹全　著	
墨子与墨家	任继愈　著	
中华慧命续千年	萧萐父　著	
儒学十讲	汤一介　著	
汉化佛教与佛寺	白化文　著	
传统文化六讲	金开诚　著	金舒年　徐令缘　编
美是自由的象征	高尔泰　著	
艺术的觉醒	高尔泰　著	
中华文化片论	冯天瑜　著	
儒者的智慧	郭齐勇　著	

中国政治思想史	吕思勉　著	
市政制度	张慰慈　著	
政治学大纲	张慰慈　著	
民俗与迷信	江绍原　著	陈泳超　整理

政治的学问	钱端升　著　钱元强　编
从古典经济学派到马克思	陈岱孙　著
乡土中国	费孝通　著
社会调查自白	费孝通　著
怎样做好律师	张思之　著　孙国栋　编
中西之交	陈乐民　著
律师与法治	江　平　著　孙国栋　编
中华法文化史镜鉴	张晋藩　著
新闻艺术（增订本）	徐铸成　著
经济学常识	吴敬琏　著　马国川　编
中国化学史稿	张子高　编著
中国机械工程发明史	刘仙洲　著
天道与人文	竺可桢　著　施爱东　编
中国医学史略	范行准　著
优选法与统筹法平话	华罗庚　著
数学知识竞赛五讲	华罗庚　著
中国历史上的科学发明（插图本）	钱伟长　著

出版说明

“大家小书”多是一代大家的经典著作，在还属于手抄的著述年代里，每个字都是经过作者精琢细磨之后所拣选的。为尊重作者写作习惯和遣词风格、尊重语言文字自身发展流变的规律，为读者提供一个可靠的版本，“大家小书”对于已经经典化的作品不进行现代汉语的规范化处理。

提请读者特别注意。

北京出版社